문학과지성 시인선 264

수련

채호기 시집

문학과지성사에서 펴낸 채호기의 시집

지독한 사랑(1992)
슬픈 게이(1994)
밤의 공중전화(1997)
손가락이 뜨겁다(2009)
레슬링 질 수밖에 없는(2014)

문학과지성 시인선 264
수련

초판 1쇄 발행　2002년 6월 14일
초판 5쇄 발행　2020년 2월 28일

지 은 이　채호기
펴 낸 이　이광호
펴 낸 곳　㈜**문학과지성사**

등록번호　제1993-000098호
주　　소　121-894 서울 마포구 잔다리로7길 18(서교동 377-20)
전　　화　02)338-7224
팩　　스　02)323-4180(편집)　02)338-7221(영업)
전자우편　moonji@moonji.com
홈페이지　www.moonji.com

ⓒ 채호기, 2002. Printed in Seoul, Korea

ISBN 978-89-320-1342-8

＊ 이 책의 판권은 지은이와 ㈜**문학과지성사**에 있습니다.
　양측의 서면 동의 없는 무단 전재 및 복제를 금합니다.

문학과지성 시인선 264

수련

채호기

2002

시인의 말

시는 늘 불가능을 향해 뜨거운 구애의 눈길을 던지는데, 또한 그 불가능은 '가능하지 않음'이 아니라 '가도가도 가능함에 다다르지 못함'이다. 아시다시피, 그 채워지지 않는 도정이 바로 아름다움이 솟아나오는 지점이다. 감히 그리고 수줍게 말씀드린다면, 내 시가 늘 그 도정에 있기를 나는 바랐다. 아아, 언제까지 열정이 허물을 덮을 수 있을 것인가.

2002년 6월
채호기

수련

차례

■ 시인의 말

수면 위에 빛들이 미끄러진다 / 9
저 투명한 슬픔 위에 / 10
물과 수련 / 11
잠자는 수련을 응시하는 물 / 12
흰 수련 / 14
어느 날 문득 / 16
저녁의 수련 / 20
수련은 커다란 거울 위에 / 22
한 여인 / 24
그대의 흰 손 / 27
너의 청춘은 푸른 물 / 28
백지의 수면 위로 / 29
수련의 육체 / 30
모네의 수련 1 / 32
모네의 수련 2 / 35
해질녘 / 38
물에로의 끌림 / 39
물방울-새 / 40
글자 / 41

겨울 연못 / 43
눈 / 44
수련을 위한 몇몇 말들의 설치 / 46
(수련 1) / 51
(수련 2) / 52
물 1 / 53
연못 1 / 55
연못 2 / 56
물과 종이 / 59
수련의 비밀 1 / 61
공기의 그림자 / 64
안개 낀 새벽에 / 66
캄캄한 밤하늘에 / 68
많은 언어들이 저 물 속에 잠겨 있다 / 70
수련 / 72
겨울이 오래전에 왔다 / 81
진눈깨비 / 83
사랑은 / 87
거리에서 / 90
두 개의 눈 / 95
여름 / 99
물 2 / 101
물 3 / 102
물 4 / 103
물 5 / 105
물 6 / 107

나무 / 109
햇빛이 너무 예쁘게 핀 여름날 / 110
바다 1 / 112
바다 2 / 113
영덕, 겨울 바다 / 114
공기 1 / 116
공기 2 / 117
공기 3 / 118
공기 4 / 119
공기 5 / 120
공기 6 / 122
별과 수련 / 125
읽을 수 없는 수련의 말 / 126
수련의 비밀 2 / 128
햇빛! / 129
여름의 비밀 / 130
어둠 / 132
빛이 있다 / 134
8월 / 136

▨ 해설 · 수련, 그 황홀한 물성(物性) · 송상일 / 137

수면 위에 빛들이 미끄러진다

수면 위에 빛들이 미끄러진다
사랑의 피부에 미끄러지는 사랑의 말들처럼

수련꽃 무더기 사이로
수많은 물고기들의 비늘처럼 요동치는
수없이 미끄러지는 햇빛들

어떤 애절한 심정이
저렇듯 반짝이며 미끄러지기만 할까?

영원히 만나지 않을 듯
물과 빛은 서로를 섞지 않는데,
푸른 물 위에 수련은 섬광처럼 희다

저 투명한 슬픔 위에

저 투명한 슬픔 위에 무엇이 비치는가?

연못에는 수련만 피어 있는 것이 아니다.
흰 구름꽃과 거울 같은 파란 하늘 전체가 피어 있다.
그리고 그 모든 것들을 응시하는 시선이
수면에 반사되는 빛처럼
반짝이는 보석으로 피어 있다.

수련꽃이여
수련꽃이여
흰 손이여, 붉은 입술이여
파란 비단 천 위에 네가
아무렇게나 벗어놓은
옥빛 보석들이여

저 수련은 꽃 피는 식물이 아니라 물의 반죽이다.

물과 수련

새벽에 물가에 가는 것은 물의 입술에 키스하기 위해서이다.
안개는 나체를 가볍게 덮고 있는 물의 이불이며
입술을 가까이 했을 때 뺨에 코에
예민한 솜털에 닿는 물의 입김은
氣化하는 저 흰 수련의 향기이다.

물은 밤에 우울한 水深이었다가 새벽의 첫 빛이
닿는 순간 육체가 된다. 쓸쓸함의 육체!
쓸쓸함의 입술에 닿는 희미하게 망설이며
떨며 반짝이는 빛.

안개가 걷히고 소리도 없이 어느새
물기 머금은 얼굴로 고개를 내밀고 있는 저 수련은
밤새 물방울로 빚은 물의 꽃

물의 말을 듣기 위해 귀를 적신다.

물이 밤새 휘갈긴 수련을 읽는다.

잠자는 수련을 응시하는 물

물의 침대에 누워 잠든 수련은
빛이 사그라진 시간의 숙면 때문이 아니라
꿈의 액체에 흥건히 젖어
은회색이다.

같은 색의 화면에 가는 선이 그어진 것처럼
물과 수련은 부피의 굴곡도 색채의 구분도 없다.

별빛을 들고 가까이 비춰보면
잠자는 수련을 응시하는 물의 윤곽을 볼 수 있다.

투명한 침대에 걸터앉아
오른팔로 상체를 지탱하고 왼팔로 고개 튼
그녀의 뺨을 어루만지는 물의 손

수련을 응시하는 물의 시선은 반딧불처럼 명멸하기도 하고
소금쟁이가 일으킨 파문처럼 번져가기도 한다.

수련은 여전히 밤과 같은 무채색이고

물은 생기다 만 새벽의 색채로 그녀를 응시한다.

흰 수련

물-화면에 방영되는 출렁거리는 푸른 하늘에
번지는 색채 구름, 지지직
화면을 깨트리는 태양
대형 흑백 화면 밖으로 솟아 나오는

하얀 수련꽃! 듬성듬성 빨간
수련꽃!
밀폐된 공기의 뚜껑을 여는 물기 도는 저 식물성 말들!

수련의 말을 따먹는 물고기가 없는지, 쿨럭쿨럭
수면을 뒤집으며
소리가 채 마르지 않은
단어들이 튀어 오르네

대기 중에 무수히 뚫린 수분의
좁은 통로를 통해, 수련의 초록 구멍을 더듬어 발굴된
저 갓 피어난 말들!
물에 젖은 퍼덕거리는 말들의
뿌리처럼 얽힌 갱도 속에서 수면 밖으로
떠오르며, 온전한 제 부피의 탄력으로

공기를 팽창시키는 저 육감적인
흰 수련!

어느 날 문득

어느 날 문득 그가 수련을 지나쳤을 때, 그는 자기도 모르는 어떤 힘과 분명하게 대면하게 되었다는 것을 느끼기 시작했다. 그때가 언제였는지, 방향 표시등처럼 눈을 천천히 깜빡거리는 새벽의 여명이었는지, 노을이 펼쳐진 저녁의 박명이었는지, 확실치 않았다. 단테가 베아트리체를 스쳤을 때, 그때와 그곳은 지워져버린 채, 단테에게는 한 소녀의 창백한 흰 뺨과 흰 손만이 남아 있었던 것처럼 수련을 스쳤던 그에게도 흰 빛깔만이 남아 있었다. 그것은 시간과 장소를 흐려버리는 강렬함 ─ 강한 인상은 그렇게 시공을 지움으로써 영원을 획득한다 ─ 의 힘이었다.

*

수련을 만나러 가는 아침
자전거 바퀴살에서는 은색 광선들이
반짝거리며 달려 나오고
아기처럼 앳된 공기의 손이 더듬거리며
우윳빛 잠옷에 어른어른 비치는
하늘의 젖가슴을 연다.

눈부신 해, 오, 모든 식물들의 심장,
모든 꽃들이 입을 대는 젖꼭지.

페달을 밟을 때 뭉쳐지는 근육은
심장에서 뻗어 나가는 대동맥을 통과하는
피의 속도를 빠르게 한다. 그 피가
한 바퀴 돌아 심장을 거세게 펌프질할 때면
내 정신 속에는 이미,
수련이 꽃잎을 펼치기 시작한다.
수련을 만나러 가는 아침마다

아직 보이지 않는 수련은
한산한 자동차 도로와
아스팔트 밑의 지하 게이블 갱도를 통해
땅 밑 뿌리의 도화선에 점화된
타는 불을 끌어당긴다.

모든 다른 꽃들과 마찬가지로
수련의 뿌리는 점화 장치이며
수련의 초록 줄기는 도화선이어서

불꽃이 줄기의 정점에 이르는 순간
하얀빛의 폭죽처럼 수련은 폭발한다.

수련을 만나러 가는 아침
내 감각 속에 도로는
초록 줄기이며 달리는 자전거와 나는
수련을 점등하기 위한 불꽃 레이서이다.
수련을 만나러 가는 아침마다
내 마음은 항상
그 불꽃 속에 있다.

*

 그것은 가슴에 와 부닥치지만 흔적이 없다. 수련에게로 가기 위해 페달을 밟을 때 그것은 느껴진다. 약간 차가우면서도 어떤 것이 생겨난 뒤 처음으로 닿는 것 같은 감촉. 그것에서는 어두움과 밝음의 껍질을 갓 벗긴 발가벗은 살의 향내를 연상시키는 냄새가 난다.
 교차로에서 신호를 기다리기 위해 바퀴를 멈추었을 때 그것은 사라지고 없다.

수련의 향기와도 같은 삶의 매혹은 그것에서 생기는지도 모른다.

저녁의 수련

무엇을 느끼니? 숨차하는 만년필아,
노을은 울고, 공기들은 놀라는데,
무엇이 들리니? 말라빠진 하얀 종이야,

수련은 눈을 감고 있는데,
연인의 하얀 얼굴 위로
눈꺼풀의 짙은 그림자가 드리우듯이
수련의 꽃잎이 닫히고 있는데,

종소리, 종소리, 빗방울이 때리는
불길한 물-종소리,
멀리 있는 연못-물이 검푸른 빗줄기 끝에서
활짝 핀 수련처럼 시늉하며 뛰어오르는데,

만년필아, 하얀 종이야,
너희들에게 무슨 일이 있는 거니?
저 수련이 저녁의 한숨 속으로 꺼져들면

텅 빈 스크린처럼 하얗게
나의 느린 삶이 남을 것이니,

피가 다 말라버린 하얀 종이처럼.

수련은 커다란 거울 위에

  수련은 커다란 거울 위로 불룩 튀어나와 있다.
  수련은 커다란 거울 위에 닦다 둔 흰 수건처럼 얹혀 있다.
  수련은 커다란 거울 위에 묻은 비눗방울처럼 금방 사라질 듯 안타깝다.

  거울에는 흰 꽃잎의 뒤꼭지와 풍만한 초록 잎의 등짝이 그대로 비친다.
  가까이 가보면 거울에는 수련을 찾아온 남자의 얼굴이 보이고
  그 속으로 새끼 피라미와 이름을 알 수 없는 수중 생물들이 꼼지락거리는
  또 다른 세계가 있다. 수련의 줄기와 뿌리, 수련의 육체의 절반 가량이 들어 있는 세계.
  꽃과 잎, 그리고 줄기와 뿌리를 가르는 그 세계는 또한
  수련의 삶과 수련을 찾아온 남자의 삶을 갈라놓고 있다. 그러나 또한
  그 거울 속의 미세하게 움직이는 세계에는 하늘과 나무, 잡초, 그리고
  그가 살고 있는 아파트가 겹쳐져 있다.

수련은 그 모든 세계를 닦는 흰 수건처럼 피어 있다.

한 여인

연못의 가장자리를 가로지르는 짧은
나무다리의 평평한 바닥에 걸터앉아
그가 수련을 바라볼 때

시간은 수련의 눈빛처럼
하얗게 바래져 희미하게 사라져간다.
물방울같이 응축되는 시공 — 집약된 도약의 순간!

한 여인이 수련처럼 물 밖으로 피어난다.

 깊은 수심에서 솟구쳐 오르는 가벼운 공기 덩어리처럼
 물의 속살을 쿨렁 뒤집으며 미끈한 다리가
 물 밖으로 드러났다간 흰 물거품으로 사라지고 난 자
리에

 수련 꽃잎처럼 하얀 얼굴이 피어난다.

 꽃잎 속에 숨은 암술 같은 코와
 수술 끝에 묻어 있는 꽃가루처럼 까만 눈동자가
 수면을 환하게 밝히는 수은등 같은 하얀 얼굴에 감싸

여 있다.

  물은 소란을 잊은 듯 잠잠한, 미끄러운 푸른 비단 이불.

  수면 위에 상영되는 그녀의 잠든 모습.
  그녀의 잠든 나신은 잠수부처럼 물속을 천천히 유영한다.
  어둡고 고독한 심연 —
  불안하게 떠다니는 물고기의 커다란 눈동자들,
  가닥가닥 꼬이고 너울거리는 유령 같은 물풀들 — 의 수중 풍경처럼
  그녀의 꿈도 다채롭고 느닷없고 불안한 모양이다.

  그가 들여다볼 수 없는 그녀의 꿈은
  저 고요하기만 한 수면처럼 그를 불안하게 한다.

  숨을 고르기 위해 수련이 물 밖으로 입과 코를 내밀 듯
  푸른 비단 이불 사이로 그녀는 흰 얼굴을 내민다.

  초록 꽃받침 위의 수련은 수면 중이다.

눈꺼풀을 곱게 내리고 하얀 입술을 오므리고 있다.

그녀의 머리카락이 수련의 풍만한 잎인 양
수면 위로 부채처럼 펼쳐진다.

물결 모양으로 잠든 그녀의 물빛 나신은
푸른 비단 이불 속에 감추어져 있고
그녀의 얼굴만이 눈을 내리감은 하얀 수련마냥
관능적인 물의 꿈을 표현한다.
그는 흰 백지처럼 그녀의 꿈을 받아 적는다.

그는 수련의 물침대 가에 늘어진
능수버들의 낭창한 가는 줄기와 잎들처럼
산들바람의 사랑과 미세한 흔들림의 속삭임으로
아무도 돌보지 않는 인생의 한 계절 내내
그녀의 하얀 잠을 지킨다.

그대의 흰 손

그대의 흰 손이 내 이마를 짚는다.
그대의 흰 손이 내 머리카락을 쓰다듬는다.
얼굴을 알 수 없는 그대가
내 메마른 가슴에 물을 퍼 담는다.
물을 뜨기 위해 흰 손을 오목하게 모음은 수련, 그대의 두 손
나는 물가에 서서 수련 쪽으로 머리를 묻는다.
그대의 흰 손이 내 머리카락에서 피어난다.
그대의 흰 손이 내 이마에서 피어난다.
그대의 온기가 목덜미를 타고 온몸으로 파문진다.
물처럼 푹신한 그대의 가슴에 머리를 묻는다.
달콤한 졸음처럼 그대의 흰 손이 머리카락을 파고든다.
꿈꾸는 잠의 꽃 수련, 수련이 나를 놓아주지 않는다.
나는 수면에 비친 나를 떠나지 못한다.
나는 수면처럼 나른하게 퍼진다.
물결 따라 반짝임도 없이.

너의 청춘은 푸른 물

너의 청춘은 푸른 물
소리가 들리지 않는 너의 깊이
정적에서 피어오르는 수련
소리를 빨아들이는 하얀 귀

너의 육체는 투명한 물
존재하는 것의 부재
수련의 향기
입맞춤을 두려워하는 하얀 입술

저기 저 흰 수련
두려움에 떨고 있는 하얀 심장
사라져버리고 말 것 같은 창백한 색채
겨울 창문에 피어나는 하얀 입김처럼
수면에 피어나는 너의 입김
이내 사라져버리고 말
나를 스쳐 지나가는 너의 입김처럼

백지의 수면 위로

백지의 깊은 수심에 숨겨진 아름다운 수련.
미지근한 의식에 떨어지는
잉크 방울의 푸른 혼란.

미숙한 나의 펜은 순결한 백지 위에
깊은 상처를 남긴다.
지워지지 않는 글자들 —— 수련을 끄집어내는 해진 구멍들.

나는 웅얼거리는 시선을 통해
백지 뒤에 숨겨진 수련의 소리를 듣는다.
꽃봉오리처럼 불룩한 종이의 배에 귀를 대면
고동치는 수련의 숨결.

백지의 자궁으로 잉크가 흘러듭고
수련을 잉태하고 있는 흰 백지에
분만을 준비하는 글자들의 구멍.

너의 시선이 닿는 순간 수련은 피어난다.
잔잔한 백지의 수면 위로.,
네 의식의 고요한 수면 위로.

수련의 육체

 이 종이 위로 올라와야 한다. 종이를 맞바라보면서 거기에 찍힌 글자들을 읽으려 하지 말고, 어서 이 흰 종이 안으로 들어오기 바란다. 걸어다니는 글자들과 만나서 사귀거나, 글자들의 몸과 비비고, 글자들을 자세히 들여다보고, 냄새를 맡아보고, 그 소리를 듣기 위해서. 아니면 생전 처음 보는 새 글자를 세우거나, 글자를 낳거나, 글자를 먹어보기 위해서.

 이 종이의 가장자리에는 눈에 보이지 않는 벽이 있다. 종이를 둘러싸고 입체의 투명한 물질이 가로막고 있다. 그러나 이 종이 안에 들어오려고 마음먹는다면 언제든 들어올 수 있다. 이 투명한 장애물은 어떤 누구를 제지하기 위한 것이 아니라, 이곳이 수련의 자리임을 표시하기 위해 있는 것이다.

*

 수련, 睡蓮, nénuphar(이 발음하기도 힘든 불어는 모네Monet의 수련이다).
 만약, 수련을 사랑한다면

수련을 갖고 싶을 것이다. (옷을 조금 적시거나 물에 빠질 위험을 감수한다면, 연못에 가서 꺾으면 된다. 그러나 그렇게 하면 수련을 갖지 못한다. 꺾어온 수련은 금방 물이 빠져 말라비틀어질 것이기 때문이다. 그리고 물과 떨어져 있는 수련이라니! 그건 수련이 아니다. 또한 이런 방식이 이 종이 안에서 통하지 않는다는 것은 너무나 뻔한 사실이다.)

수련을 사랑했던 모네
모네는 수련의 육체를 가졌다.

모네의 수련 1

 새벽 수련을 그리기 위해 현관문을 나서던 모네는 어떤 소리를 들었다. 문에 달린 쇠방울 종이 내는 얼음-낙수 소리와는 다른 것이었다. 바람이 나무 기둥을 낯설게 포옹하는 소리도 아니었다. 흙 침대 위에 누운 개양귀비 쪽에서 나는 소리였다. 땀에 젖은 개양귀비의 홍조의 얼굴을 다른 개양귀비의 기다란 초록 손가락이 쓰다듬을 때 나는 소리였다. 땀에 젖은 촉촉한 붉은 얼굴로, 만족이 물결처럼 번지는 얼굴로 개양귀비가 속삭였다. "좋아요 참 좋아요" 점점 밝아지는 하늘로 개양귀비의 물에 젖은 수줍은 속삭임들이 피어오르고 있었다. 개양귀비의 이마를 쓰다듬듯이 모네는 귀를 적셨다.

 새벽 연못에는 목소리들이 가득 펼쳐져 있었다. 차게 수면을 밀며 바람의 긴 쇠꼬챙이 같은 목소리가 각양각색의 면으로 공기를 분할하고 있었고, 그럴 때마다 연못은 물빛 푸른 주름 치마를 얇게 폈다 오므렸다 했다. 수련은 펄럭거리는 코끼리의 귀 같은 진초록 귀를 수면 위에 펼쳐 띄우고 공기와 물이 소곤거리는 소리를 열심히 듣고 있었다.

모네는 연인의 침실을 엿듣듯 설탕처럼 반짝반짝 빛나는 들뜬 사랑의 소리를 들었다.

새벽은 목소리의 빛과 그늘 속에 우거져 있었다.

수련은 솜털이 보송보송한 연초록 입술을 다문 채 새벽 수면 위로 고개를 내밀고, 물 밑으로부터 자라난 것처럼 꽃받침을 오므린 수련이 물거울에 비쳤다.

밤새 수련에게 무슨 일이 있었나? 저 꿈같은 물의 깊이 속에서.

시간이 익으며 마침내
초록빛 수련의 입술이 벌어졌다.
흰 수련
수련의 목소리가 들리기 시작했다. 저쪽에서도 이쪽에서도
팔을 뻗으면 만져질 듯한 요 앞에서도
하얀 사발이 깨어지듯이 날카로운 흰빛으로
목소리는 사방으로 흩어졌다.

새벽은 수련의 목소리로 깨어나고 있었다.

수련은 무슨 말을 저렇게 낮게 속삭이고 있을까?

다채색의 빛으로 흩뿌려지는
수련의 말을 듣고 모네는
천천히 조심스럽게 공기 중에
꽃불처럼 터지는 그 말들을
화폭에 그려 나갔다.

모네의 수련 2

 이 종이 안에 지베르니Giverny의 정원을 세우자. 글자들로 만든 하얀 집이 저기 보인다.
 운율의 꽃과 리듬의 풀, 글자와 글자 사이에서 움직이는 공기, 글자와 글자들이 부딪쳐 내는 빛…… 글자의 소리들이 흐르는 물로 생긴 연못이 지금 햇빛을 받아 생기 있게 반짝인다.
 이 종이 위에 있는 지베르니의 정원으로부터 꿀벌의 날갯짓 소리가 들려오고, 풀잎의 바람이 불어 귀밑머리를 쓸어 넘긴다.
 이곳을 방문해보자.

*

지베르니.
한낮에는 넝쿨장미와 달리아로 풍만한 빛이 넘친다.
공기는 나뭇잎처럼 물에 뜬 채 흘러가고
지금은 처녀살의 공기를 덮고
동물성, 식물성 색깔들이 모두 잠들어 있는 시간.

길쭉하고 희다 못해 푸른

새벽은 얼굴이 보이지 않는다.
손가락만 분주하다.

물에 배를 대고 흐르는 희부윰한 공기 속에서
날렵한 손가락들이 숨어서 할딱거리는
동식물성 시계들을 끄집어낸다.

─풀잎시계, 이슬시계, 넝쿨장미시계, 새깃털시계,
일본식구름다리시계, 능수버들시계
    그리고 기분대로 퍼져 있는 벌거벗은 물시계

밀짚모자에 흰 수염을 기른 모네가 서둘러 화구를 챙겨 가도
새벽빛은 구두 끝을 흥건히 적시고
연못의 침실은 어느새 말끔히 치워져 있다.

수면 밖으로 금방 튀어 오른 물고기마냥
수련은 갓 씻은 얼굴로 꽃받침에
앉아 있다. 흰 다리를 날씬하게 꼰 채

*

모네의 몸 전체는 모네의 화구.
열심히 수련을 애무하는 모네의
불룩한 캔버스 속에는 수련이 곧 잉태된다.
물과 빛과 공기와 수련이 함께 뭉쳐지는
살이 맞닿는 한 덩어리의 움직임으로.

모네의 배부른 몸은 밤새 수련을 분만하는
저 물을 닮았다.

해질녘

따뜻하게 구워진 공기의 색깔들

멋지게 이륙하는 저녁의 시선

빌딩 창문에 불시착한
구름의 표정들

발갛게 부어오른 암술과
꽃잎처럼 벙그러지는 하늘

태양이 한 마리 곤충처럼 밝게 뒹구는
해질녘, 세상은 한 송이 꽃의 내부

물에로의 끌림

햇빛은 물방울을 팽창시키고
꺼졌다 다시 태어나는 거품들.

부유하는 날카로운 언어에 걸려
파들파들 떠는 물의 근육들.

손끝에 만져지는 언어는
물방울처럼 부스러지고
햇빛처럼 녹는다.

투명한 투명한 물의 눈동자
당신의 김 서린 눈동자를 들여다본다.

별똥별이 꼬리를 남기며 떨어지듯
물유리 위로 빗방울이 미끄러진다.

물방울-새

날아라 물방울-새야
돌멩이를 던지면
'퐁당' 하고 지저귀며
날아라 물방울-새야
수련의 흰 볼에다
물-깃털을 튀기며
물방울-새야 날아라

말들이 떨어질 때마다
예쁘게 지저귀며
말을 삼키기도 전에
날아라 물방울-새야
어떤 말보다 더 강하게
유혹해대는 수련의 흰 치마
위로 다시 내려앉더라도
물방울-새야 날아라

글자

땅을 파도 캐낼 수 없는 글자.
그물로, 낚시로도 잡을 수 없는 글자.
새처럼 날지 않는 글자.
나무처럼 위로 위로 솟아오르지 않는 글자.
아무도 읽지 않는 책 속에 영원히 수감된 글자.

햇빛의 부력으로 반짝이며 떠다니는 먼지처럼
종이 위에 떠올랐다 가라앉는 글자.
밤바다에 번지는 어선들의 희부윰한 불빛처럼
당신의 뇌 속에 시각 신호처럼 명멸하는 글자.
밤하늘을 항해하는 별들처럼
현기증 나는 백지 위에 검게 번쩍이는 글자.

당신의 우윳빛 살결 위에 오래전에 씌어진 검은 점들.

잔잔한 수면 위에 목만 내민 수련처럼
물결 없는 종이 위에 피어 있는 글자.
(수련의 줄기와 뿌리가 푸른 물 속에 잠겨 있듯
 글자의 줄기와 뿌리는 백지의 심연 속에 잠겨 있을까?
           뇌 속에, 시신경 안에 잠겨 있을까?

아니면 익사했을까?)

더 이상 읽혀지지 않는 글자.
더 이상 해독되지 않는 글자.
바라보고, 냄새 맡고, 쓰다듬고, 껴안고, 애무할 수밖에 없는 글자.
더 이상 눈으로 읽고 머리로 이해할 수 없는 여자.
당신처럼 임신시켜 애 낳게 할 수밖에 없는 글자.

겨울 연못

얼어붙는 순간 연못은
얼마나 힘을 주었을까.
투명한 푸른 얼음에
기하학적 무늬로 뻗어 나가는
물의 힘줄들이 힘차다.

온 힘을 다해 애인을 부둥켜안듯
내 몸을 부딪치면
연못 전체가 투명한 유리 그릇이 되어
맑은 소리를 낸다.

언 채 나를 받치고 있는 물.
피부 밑에 수련의 잎과 줄기들,
시험관 속에 들어 있는 태아처럼
입 벌린 채 눈 감고 있다.

내가 낳다 실패한 자식들처럼
오그라드는 몸을 그들 위에 포갠다.
응고된 물이 녹아 나를 적실 때까지
마침내 내 몸이 그들에게 닿을 때까지
오래, 오래

눈

눈 오는 소리
눈의 날갯짓 소리
벌은 1초에 수백 번 날개 쳐서
'잉잉' 소리를 내는데
눈은 1초에 몇 번 날개 칠까?

벌통에 수천 마리의 벌들이
잉잉대며 달려들 듯이
멀리 보이는 흰 산에
수천 마리의 눈들이
잉잉대며 달겨든다.

달리는 차창에서 보는 눈 내리는 벌판
귀를 먹먹하게 하는 외침이
사방으로 조각조각 흩어진다.

나무는 여전히 꼿꼿하게 서 있고
같은 말을 수백 번씩 되풀이해서
속삭이는 눈송이들.
어떤 말은 닿자마자 녹아버리고

어떤 말은 천천히 서성이다 사라지고
어떤 말은 간신히 매달리고
어떤 말은 간신히 매달린
그 위에 포개지고 포개진다.
백지 위에 썼다 지우고
덧씌워 쓰는 글자들처럼.

선 채로 하얀 눈꽃들을
화려하게 피우는 나무.

눈 오는 소리
눈떼의 날갯짓 소리
들판에 무수한 흰 斷續音을 찍으며
可聽圈 밖으로 점점 하얗게 멀어진다.

수련을 위한 몇몇 말들의 설치

  당신은 지금 책이라는 통로를 통해 수련을 위한 언어 장치들 앞에 이르게 되었다. 이 장치를 작동시키는 방법은 여러 가지가 있지만, 가능하면 재래적인 방법(글자를 읽고 의미를 파악하는 것)만을 사용하지 않고 다양한 방법을 사용하기를 당신에게 권한다. 그 방법은 당신이 스스로 만들어내기만 한다면 무궁무진할 수도 있다.

  당신이, 수련이 있는 어떤 연못을 상상한다면 그야말로 근사하겠지만, 그렇더라도 이 언어 장치들 앞에서 당분간 떠나지 않기를 은근히 바란다.

  이 언어 장치들은 정숙한 여인들처럼 그 앞에 커튼이 쳐져 있다. 당신이 먼저 할 일은(당신을 작동시키려면) 그 커튼을 걷는 것으로부터 시작된다.

*

  물 주름졌다 펴지는 거울
  귀가 있다면
  "좋아요 참 좋아요.

누가 여기다 구름 소파를 가져다 놓았죠."

*

저 수련을 안고 내려가야지, 수련의
긴장된 초록 가슴을 구르는 물방울처럼
초록 심줄을 타고 물속으로, 수련의

육체여! 한데 섞이지 않는 초록 동색의 물잎과
수련잎이여!

*

닿지 않고도 그 위에 뜨는 파란 하늘

*

여름날 나른한 호수에서
얼굴만 내민 채 수영하던
눈부신 여인

아랫도리가 훤히 들여다보이는 나체의
투명한 수면 아래로

주름진 바람을 끌어다 덮어도
퍼지고 번지는 살결은
차고 푸른 수심으로 고여 있는데

*

긴장된 공기의 뚜껑을 여는 저 식물성 말들

발음하면 여성적인 굴곡과 색깔의 단어들

*

정오가 조금 지난 시간
수련 연못가에 앉아 있는 모네
넓고 하얀 차양 밑 그의 얼굴은
빚다 만 진흙처럼 짓눌려 이지러져 있다

흰빛의 캔버스가 그를 짓누른다
하얀 광채를 내뿜는 수련 꽃잎들이
그를 무겁게 압박한다
검은 눈동자를 탈색시키고 말
저 어질어질한 흰 색깔들

*

파란 월하향

*

공기와 물의 대화

저 빛이 튀어 오르는 듯한

*

네 입 속의 물

네 눈 속의 말

수련

*

당신이 관람객으로 왔다면 이 종이 위를 떠날 수밖에 없을 것이다. 그러나 말로는 설명할 수 없는 수많은 느낌, 날아가버리는 향기, 어렴풋한 감촉들, 감춰져 있는 불씨들, 그리움의 이미지, 꿈들. 수련으로 인한 그러한 것들. 떨쳐버릴 수 없는 그러한 것들이 당신과 함께 한다면, 당신도 수련의 많은 조각들처럼 이 종이 위에 남아 있을 것이다.

(수련 1)

 물 밑바닥에 있는 손이 줄기의 초록색 실을 조정하여, 물결의 일렁거림을 타고 수면 위로 꽃과 잎을 날리는 水鳶. 수련의 초록색 실은 물의 깊이에 따라 뿌리 같은 얼레에 감겼다 풀렸다 한다.
 태양열을 빨아들이는 집광판 같은 둥근 말발굽 모양의 잎은 물속의 잎자루에서 태어나 수중 창 블라인드처럼 도르르 말린 채 있다가 공기와 빛에 닿는 순간 팽팽하게 펼쳐진다.
 깃이 네 개 달린 녹색 꽃받침 위로 드러나는 목이 하얀 꽃은 달걀형의 수 개의 꽃잎을 오므려 잠들고, 눈을 환히 뜨듯 깨어나 자기를 바라보는 눈동자를 마주 응시한다. 삼 일 낮을 쳐다보고 삼 일 밤을 눈 감은 채 잠들다, 세상의 모든 아름다움처럼 짧은 생을 마감한다.
 물속 비밀을 물 밖 세계에 알리는 메신저,
 화려한 영상을 상영하는 水面을 떼어내면, 그 안에 복잡하게 얽힌 녹색의 회로들이 水中에 잠겨 있다.
 플러그는 더 깊은 물 속에 있다.

(수련 2)

흰 주름 치마
오므린 치마 말기에서 서서히
육감적으로 부풀어올랐다 다시
치마 단으로 가면서 약간 오므라드는
흰 치마

바람이 들추면 얼핏
감추인 속살이 들여다보이는
인조견 흰 속치마
갈래갈래 찢겨진 속치마

치마를 끄르면
촘촘히 짠 융단 같은 꽃밥
화주(花柱), 화사(花絲), 화분낭(花粉囊)
수술, 암술, 꽃수염
씨방
화피(花被), 꽃물
꽃망울, 꽃방울
화탁(花托), 꽃받기
화경(花梗), 꽃꼭지

물 1

그녀의 살갗은 닿는 순간 비닐막처럼 버팅기지만
                        쉽게 열리는 문이다
            약한 흡반처럼 빨아들이기도 한다
그녀의 살갗은 휘발한다
        공기 중에 흩어져 사라진다

                    *

그녀의 머리칼 빛깔, 울렁울렁 바람을 타는
그녀의 머리칼 빛깔,
                    부들과 수련의 머리핀으로 장식된
그녀의 머리카락, 물새들의 갈퀴가 가끔 흩트려버리는
그녀의 머리카락,
                햇빛 받아 반짝이는 은빛 유리 조각
                    으로 파열하는
그녀의 머리칼 빛깔, 보라색 붓꽃들을 프린팅하여 더
                짙어진
그녀의 머리칼 빛깔

                    *

그녀의 젖가슴에 조약돌
          물 그림자 비치는 조약돌
그녀의 젖을 빠는 물고기
          어린애 입처럼 오므린 눈 감은 물고기
그녀의 젖을 빠는 물풀
          흰 젖에 짙푸른 정맥처럼 너울대는 물풀
그녀의 젖을 만지는 흰 손
          자기의 손이 간지러운 수련의 흰 손

               *

그녀의 눈 속에 비치는 능수버들
          술에 취한 능수버들
그녀의 빈 잔에 흘러 넘치는
          푸른색 하늘 흰 구름
그녀의 몸에 상영되는 느린
               인생의
                    하루

연못 1

저 연못은
눈까풀이 없는 눈동자.
눈을 깜박거려 망막을 닦을 때
나는 저 연못일까?

잔잔한 수면에 노을이 비칠 때
연못의 시선은 저녁 하늘을 쏘아 올릴까?

내가 연못에 비치면
저 연못도 내 눈에 잠겨들겠지.

연못의 시선이 하늘에 가 있다면
그것을 바라보는 나의 눈은
연못에 비칠까?

연못 위에 파란 실핏줄
그건 연잎
수련꽃은 나를 보는 눈동자

밤에 봉오리를 닫는 수련
그건 연못이 잠들있다는 것.

연못 2

전화가 왔다,
여름날의 연못에서.
수련 꽃봉오리에다 귀를 댄다.
물 밑으로 이어진 녹색 전화선을 타고
말들이 귓가에서 수포처럼 터진다.

알아들을 수 없는 웅얼거림이
물 위로 천천히 공기 방울을 떠올리고,
작은 물고기의 말일까? 물의 말일까?
속삭이는 물은 배수구 근처에서 소리친다.

공기들이 속삭인다.
알아들을 수 있을까?
보이지 않는 공기의 말들을.
눈을 뜨기 시작하는 연못의 물과
수련과 나무, 돌 가까이 공기들이 웅웅거린다.
그 말들을 듣기 위해 사물들은 제각기
제 색깔들로 반짝거린다.

수련의 말들도 공기에 섞여 있다.

모든 사물의 말들은 공기를 적시고
더 이상 날아다니지 못하는 말들은
하늘에다 거꾸로 구름처럼 젖은 말들을
늘어뜨린다.

귓속의 활주로에 비행기가 착륙하고
구름은 내리지 않았다.
여전히 알아들을 수 없는 구름의 말들.
구름에서 떨어지는 비의 목소리들은
무슨 말들을 들려주나?

전화가 왔다.
공항으로 마중 나간 수련은
물 밑에서처럼 입만 벙긋거리고
입에서 터져 나오는 기포들

여전히 알아들을 수 없는 수련의 말들
수련잎과 물 위에 내려앉는 햇빛의 부리는
어떤 말들을 물고 오나?
접근을 허락하지 않는 말 위로 고개 내민 수련꽃

여름날의 연못은 말들로 잔잔하고
종이 위에 '수련'이라고 적으면
종이는 젖어 찢어진다.
말들에 빠지며 수련에게 다가갔지만
수련은 말 위로 꽃잎만 내민 채
말의 깊이 속에 잠겨 있다.

물과 종이

희디흰 종이에는 바닥 모를 깊이가 꺼져 있어
떨어진 글자들에 부딪힌 紙面은 일렁임도 잠시
저 수면처럼 침묵한다.

종이 위에 씌어지는 글씨는 의미를 따라가기보다
굽이치는 물처럼 흐름을 좇아 씌어진다.

옹알거리는 모음들은 흠뻑 수분을 빨아들인
물 밑의 뿌리나 자갈, 진흙들이며
그 위의 자음들은 얼마간 떨어져 수면에 비친
자신의 영상을 바라보는 꽃이나 풀잎
솟아오른 바위이다. 그러나

흰 종이 위에 검은 글씨, 그것은
손가락 속에 숨은 시냇물처럼
어디에서 솟는지 모르게 샘솟아
어디론가 끊임없이 흘러간다.

*

수련이 익사하지 않게 물 밖으로 건져내야 할 텐데……

저 흰 수련이 종이 위에서 필 수 있을까?

*

글자들은 수련으로 피지 않고, 종이 위에서,
물의 깊이를 갖지 않은 얇은, 종이 위에서,
글자들은 시든다, 말라비틀어진 잉크처럼, 종이 위에서,
색 바랜 잉크처럼 수련은 시든다, 종이 위에서

수련의 비밀 1

종이 위에 '수련'이란 글자를 쓰자마자
종이는 연못이 되어 출렁이고
자음과 모음은 꽃잎과 꽃술이 되어 피어난다.

만년필에서 흘러나오는 푸른 잉크는
종이에 적셔지며 선들로 뻗어 나가거나
둥글게 뭉쳐져 덩어리를 이룬다.
물 위에 떠 있는 짙푸른 잉크-잎들.

연못 가장자리
녹색 쟁반 위에 흰 수련
과일 같은 하얀 피부가 물 위에 씌어진다.
햇빛의 뾰족한 끝에서 공기가 흘러나오면
투명한 수면 위에 수련이 기록된다.

물 위에 배처럼 정박해 있는 꽃받침
위에 그녀가 앉아 있다.
물 위에 떠 있는 것들을 읽어가는
리듬을 타고 그녀의 치마가 거의 보이지 않게 펄럭인다.

하얀 언어로 감싸여 있는 꽃술은 노란색이다.
리듬 위에 떠 있는 푸른 둥근 잎
줄기는 물속에 잠겨 보이지 않지만
상상력의 저 심연과 연결되어 있다.
시선은 햇빛처럼 물 위에 번쩍거리고
종이 위의 언어들은 따뜻하게 데워진다.
여름날 정오의 공기 속에

*

당신이 이 시를 읽을 때
수련의 흰빛들은 종이 위에서 폭발하는가?
당신의 시선이 활자들에 부딪히며 달려나갈 때
수련은 어디에서 활짝 피어나며,
연못은 공중 어디에서 찰랑거리는가?
공기는 당신의 체온들과 뒤섞이는가?
햇빛들은 당신이 인식하는 어떤 의미들에서
뿜어져 나와 번쩍이는가?
리듬은 바람 부는 방향으로 펄럭이는가?
초록색 줄기들은 종이 위를 번져 얼룩지며,

종이의 보이지 않는 깊이 속으로 가라앉아
미지의 세계에 붙잡힌 뿌리와 만나고 있는가?

종이의 심연, 대기의 심연, 물의 심연
                                                      그 위에
수련, 당신의 시선, 활자의 꽃
                                                      그 속에
수련, 언어의 나체, 당신의 하얀 알몸.

공기의 그림자

말라버린 빗줄기처럼 쏟아 붓는 딱딱한
한낮의 이 햇빛 속에서
그림자는 혓바닥처럼 제 실체의 살갗을 붙잡고 늘어진다.

나무 그림자, 연못에 처박아 익사시켜도 끝내 나무처럼
잎을 단 채 흔들리는, 나무 그림자
날아가는 새 그림자, 진짜 새처럼 빠른 속도로 날아가다가도
발끝에서 길게 늘어지는, 고무 덩어리
날아가는 돌멩이 그림자, 아무것도 맞히지 못하고
떨어지는, 돌멩이 그림자

빈 껍질을 채우려고 필사적으로 혓바닥을 내밀어
빨아들이는 축축한 헛것, 그림자
혓바닥을 빼앗긴 말 못 하는, 그림자

*

연못은 공기의 어두운 그림자.

물기 번지르르한 혓바닥을 거대한
바람의 중심에 꽂아버린
혓바닥 없는 말 못 하는 검은 연못.

수면 위의 하얀 수련,
발음할 수 없어도 읽을 수 있는 말,
벙어리 연못이 자신의 깊은 시선 속으로
자맥질하고 자맥질하여 낳은,
그림자의 말,
말의 꽃.

안개 낀 새벽에

안개 낀 새벽에 수련의 저 흰빛은
수련이 아니다. 누가 공기의 흰빛과
수련의 흰빛을 구분할 수 있겠는가?
부풀어오르며 대기를 가득 채우는 수련,
공기처럼 형태도 없이 구석구석
끝도 없이 희게 빛나는 수련이여!

안개 낀 새벽에 공기는 수련처럼
희게 빛나다가 물처럼 푸른 두께로
출렁인다. 수련은 창틀 없는 유리처럼
푸른 깊이의 메아리. 물이 저 밑바닥의
내면으로부터 물풀을 흔드는
헤엄치는 혀로 푸드덕 말을 할 때
솟아오르는 커다란 공기 구릉—수면을 깨뜨리는

흰 포말 흰 파편은 수련,
물-말이 깨어져 날카롭게 빛나는 흰 수련!

수련 주위의 보이지 않는 저 공기는
수련의 생각들이다.

우리가 글자를 읽어 나갈 때
우리 주위에서 태어나는 생각의 파동들처럼.

캄캄한 밤하늘에

캄캄한 밤하늘에 환한 자국을 남기는 유성처럼
시선이 수련을 발견했을 때
핏줄을 타고 세차게 흐르는 흰빛의 덩어리는
몸속을 떠다니며 하얀 멍들을 남긴다.

수심 깊은 가슴에 숨겨두고 있던
물풀의 머릿속에 헝클어지는
형체 없는 느낌을 발음하려 할 때
혀는 돌멩이처럼 무겁게 바닥으로 가라앉는다.
마치 수련의 아름다움을 발음할 수 없는 것처럼.

수련을 발음하기 위해
혀는 햇빛을 받아야 하고
공기의 침대에서 뒹굴어야 하며
물의 맛들을 음미할 수 있어야 한다.

분말처럼 가볍고 부드러운 햇빛
투명하고 완만한 곡선의 공기
빈틈없이 감싸고 조여오는 물

혀는 햇빛을 빨아들이고
공기의 엉덩이를 핥으며
물의 깊음 속에 잠긴다.
곧 태어날 말의 양수와 같은
캄캄한 연못 속으로 환한 목청을
피워 올리는 수련의 알뿌리처럼

많은 언어들이 저 물 속에 잠겨 있다

많은 언어들이 저 물 속에 잠겨 있다.

많은 생각들이 공기 속에 녹아 있고
많은 말들이 햇빛 속에 숨어 있다.
무얼 기다리는가 당신은
수련 앞에서

그 어떤 말로도 호명할 수 없고
그 어떤 언어로도 표현할 수 없고
그 어떤 생각도 닿지 않는
수련 앞에서
무얼 망설이는가 당신은

아주 먼 곳에 묻혀 있는
당신의 기억들을 끄집어내고 있는 저 흰 손
당신의 가슴에 매달려 있는
관능적인 보석들을 어루만지고 있는 저 흰 손

당신의 어두운 얼굴에 드리워지는
수련의 환한 그림자가

한순간 당신을 영원히 바꾸어버린
지금 이 순간!

무얼 고백하고 있는가 당신은
수련 앞에서

수련

내가 '수련' 하고 외치면
수련, 너는 듣느냐? 들리느냐?
그렇지 않다면 무엇이 증명해줄 것인가
내가 너를 부르고 있다는 것을

저 떨리는 물과 보이지 않는 공기와
공기를 뚫고 지나 떨리는 물에 가 닿아 폭발하는 햇빛
들은 아는가? 나의 외침이
수련, 너를 부르는 소리라는 것을

나의 외침은 네가 들음으로써 완성되는 것
내가 말을 입 밖으로 토해내는 순간
그것은 공기 중에 흩어져 사라져버린다.
수련, 네가 그것을 들을 수 없으니까
그것은 더 이상 말이 아니다.
벙긋거리는 물고기 입만 볼 수 있을 뿐
그들의 말을 들을 수 없는 것처럼

그 여름날, 내가 너를 처음 본 순간
깨달았어야 했다, 너를 사랑하기 전에.

나는 흙을 딛고 서 있고
수련, 너는 물을 딛고 서 있다는 사실을

그러나 너의 아름다움은
더 이상 나를 숨쉬지 못하게 하고
아름다움을 부르는 외침도 멎어 여름날의
물과 공기의 정적 속에 모든 것은 정지되고 말 것이니
탄소 동화 작용하며 숨쉬는 너의 숨결
한가운데서 내 숨은 꺼져갈지도 모른다.

수련, 너를 사랑하는 나의 간절한 외침이
식물의 고요 속으로 빨려 들어가버린다면
이제, 너의 아름다움이 너를
불러 깨어나게 할 것인가?

*

나는 너를 부르는 간절한 힘으로
너를 쓴다. 내 말을 네가 듣지 못하는 것처럼
검은 글자들은 너를 표현해내지 못할 것이니

'수련'이라고 쓴다고
어느 누가 너의 아름다움을 읽겠느냐.

그 여름날, 네가 나를 발견했을 때
나는 너의 목소리를 들은 것 같았다.
네 말을 받아 적으려 했지만
글자로는 불가능하여 그 하얀 목소리를
바라보기만 했었다.

너의 가느다란 녹색 줄기에서
어떻게 그토록 아름다운 목청이 쏟아지는지
수양버들은 하염없이 네게로
축축 늘어지기만 했고
햇빛은 소리에 닿는 순간 뜨겁게 타올랐다.
공기는 그 소리에 흥건히 젖어
돌아다니며 모든 다른 사물들을 애무했으니

그 화려한 흥분의 현장에서
나는 돌보다 더 무겁게 가라앉고
증발하는 물보다 더 가볍게 떠올랐다.

*

내가 너를 처음 봤을 때
어떤 강렬한 빛을 본 뒤
눈을 감아도 망막에 어른거리는 잔상처럼
너는 닫혀진 내 몸 안에
하얗게 떠돌아다녔다.

'수련'이란 글자를 아는 것은
너를 아는 것이 아니다.
'6월과 8월에 걸쳐 꽃이 피는
수련과의 다년생 수생 식물'이라는 지도가
너에게 다가가는 길을 알려주지 않는다.
처음부터 너는 알 수 없는 그 무엇이었다.

내 시선이 너를 만지고 있고
너의 시선이 내 몸을 구석구석
밝히고 있어도
너는 연못 가운데 떠 있고

연못은 나를 삼키고 말 바닥 없는 깊이이니
내가 모르는 그 깊이에서부터
너는 흰 꽃잎들을 분만한다.
너의 얼굴 아래 물속에 잠긴
그 육체를 나는 영원히 바라볼 수도 없다.

나를 그토록 매혹시키는 것은
수련, 물 바깥 세상에는 없는 너의
육체인지도 모르겠다.
수련, 너의 매혹적인 육체는
이 세상에는 영원히 존재하지 않는, 그 어떤 사물도 아닌
백지 위에 씌어지는 글자와 같은 것이니

누가 '수련'이라고 쓴들
하얀 바탕 위에 검은 흔적,
누가 그것을 너의 육체라고 하겠는가.
검은 물 위에 발광체처럼 하얀 흔적
처음부터 너는 알 수 없는 그 무엇이었다.

*

'수련'은 백지에 가로 세로 그은 흔적.
상처에선 피도 흐르지 않고
잉크는 금방 말라붙어 종이에서 떨어지지 않는다.
튀어나온 날카로운 끝이 매끈한 표면을 긁은 자국처럼
'수련'은 건조한 종이에 바짝 말라붙어 있는 셈이다.
종이 밑으론 물이 흐르지도 않고
책상의 딱딱한 면이 떠받치고 있을 뿐이다.
종이를 들고 봐도 종이 뒷면에 투영되는
상처 같은 검은 '睡수'의 흔적.

'수련'은 어긋나는 작은 직선들의 건조한 검은 흔적.
그 흔적은 지워지지 않는다.
당신이 그걸 볼 때 그것은 끊임없이
고정된 채 그치지 않고 그곳에 있다.
종이와 검은 흔적은 서로 여태껏 아무런
교신이 없다. 그것은 가볍게 마른 채
하얀 종이에 머물러 있다. 그저 건조하게 있을 뿐이다.

당신이 그걸 읽는 순간 놀랍게도
그것은 연못 위에 하얗게 피어 있다.
여름날의 햇빛에 벗은 피부를 노출한 채
기름처럼 부드럽게 빛나는 검푸른 물에 나긋나긋한 알몸을 담고
깨진 태양처럼 눈을 찔러오는 흰 수련의 무리들.
풍만한 수양버들의 머리카락처럼 흘러내리는 기름진 그늘이
연못의 한쪽을 축축하게 적시는 넉넉한 오후.
수련의 한 무리는 그 그늘에 젖어 평화롭게 일렁이고
한 무리는 조용한 물속에 드러누워
젖꼭지처럼 붉어져오는 꽃술을 손가락으로 살짝 가린 채
물 위로 대담하게 젖은 젖가슴을 내민다.

투명하도록 얇은 피부 밑으로 터져 흐를 듯
물기를 흠뻑 머금은 하얀 수련.
그러나 수련은 여기 없다, 이 백지에

건조한 검은 흔적만이 끈질기게 있을 뿐

당신은 '수련'이란 언어를 타고
건조한 검은 흔적과 젖은 흰 수련 사이를
메아리처럼 방황하는 중이다.

당신은 지금 이 순간 어디에 있는가?

*

너무나 분명해서 부인할 수 없는 사실:
수련, 너를 백지 위에 옮기려면
너를 죽여야만 한다.

너를 내 시선의 밝은 빛 속에
아름답게 가둘 수 있는 것은
겨우 사흘뿐—세 번의 밤에
세 번 꽃봉오리를 닫는 순간
너는 사라지고 말 것이기에

백지 위 '수련'이란 글자로부터
너는 영원히 살아날 것이다.

그게 너냐? 백지 위에 핀 글자!
그러나, 지금 눈앞의 흰 수련
바람과 햇빛과 물의 살결 위에
부드러운 손처럼 놓인 흰 수련
　　　그게 너냐? 수련!

　수련, 너는 햇빛 가운데서 글자의 어둠 속으로 걸어 들어가고
　나는 너의 흰 꽃잎들이 푸른 물 위로 한없이 추락하는 그 순간의 어둠 속으로 걸어 들어간다.

　한여름 ─ 계절의 한창 때,
한낮의 꽃인 수련이여!
꿈이 베일처럼 너의 나체를 가리고 있는
수련이여!

　너를 갖기 위해선
글자의 무덤을 파헤쳐야 한다.

겨울이 오래전에 왔다

겨울이 오래전에 왔다.

연못은 두꺼운 유리처럼 얼었다.

투명한 얼음 안에서도 물은
숨쉬고 손가락 같은 물고기들이 움직였다.

수련은 이미 흔적도 없이 사라졌지만
적갈색 잎과 검은 줄기들이 핏줄처럼 얼기설기
얼어붙은 연못을 부여잡고 있다.

생물 표본실 같은 연못.

시험관 속에 들어 있는 태아처럼
입 벌린 채 눈 감고 있는 수련의 잎과 줄기들.

응고된 생각과 재갈 물린 언어들.

수련은 방부제 섞인 언어 속에
고스란히 잠겨 있지만

여름의 생기와 당신을 자극하는
맹렬한 메시지와 같은 향기는
여름의 뜨거운 공기와 함께 사라져버렸다.

겨울이 오래전에 왔다.
종이에 얹힌 수련을 읽는
당신의 입김만이 두꺼운 유리 연못을 흐리게 한다.

진눈깨비

비가 오면서 곧 얼었다.
아스팔트는 투명한 유리를 덮어씌운 듯
번질거리며 그 위로 떨어지는 풍경들을 그대로 복사해냈다.
나뭇가지에는 흐르다 얼어붙은 얼음 막대기들이
바람이 불 때마다 모빌-종소리처럼 딸랑거렸다.
추운 공기를 타고 소리는 더욱 청명했고
풍경은 오! 너무나 완벽하게 아름다웠다.

입김이 없었다, 내 곁에.
체온이 있는 붉은 입술에서 꽃처럼 하얗게 피어나는
입김이 없었다, 내 곁에.
발갛고 딱딱하게 얼어 있는 손가락을 녹일 수 있는 입김이
잎 없는 가지에 매달린 고드름을 녹일 입김이
침엽수 날카로운 잎들을 부챗살 삼아 펼쳐진 얼음 부채를 녹일 입김이

자동차는 도로에서 미끄러져
길이 아닌 숲의 늪지에서 나무 둥치를 들이받고 겨우

멈췄다.
 어떻게 할 수 없는 고철 덩어리에서 가까스로 빠져나와 하늘을 본다.
 사방은 캄캄하고 피를 얼리는 강한 추위가 피부를 얼음 과자처럼 파삭파삭하게 만든다.

*

길이 아닌 길? 그래, 삶의 도로에서
이미 벗어났잖아!
삶의 안전 표지판이 안내하는 길에서 도망쳐왔어.
사고 때문이라고 하고 싶겠지만
이것이 네가 바라던 것이 아니었나?

당신이 여기서 기다리기로 했었어.
내가 안전한 삶에서 탈출하는 그 지점에서
당신이 내 두 손을 반갑게 맞잡기로 했었어.
그러나 내 시야에는
차갑고 맑은 공기와 아름다운 얼음 결정체의 반짝거림
우리네 인생과는 너무나 이질적인 자연의 경이로운 아름

다움이, 오!
 나와는 아무런 상관 없이 펼쳐져 있어.
 그 속으로 나는 한 발짝도 다가갈 수가 없어.

 당신의 사랑이 늘 길옆에서 기다리고 있었잖아.
 내가 한 번도 다니지 않은,
 이미 망가져 폐쇄된 도로나 도로 표지판도 없이 제멋대로 새로 생긴 길에서
 당신은 늘 나를 기다렸고, 나는 그곳에 가서야 당신을 만날 수 있었어.

 오늘 밤, 그런데 당신은 없고
 얼마 전에 죽은 사람들이 먼 불빛처럼 망막에 깜박거리고
 한 번도 보지 않은 새로 태어난 아이들이 내 곁을 아주 가깝게 지나쳐갔어.
 (당신의 몸 안에서, 혹은 당신의 몸 밖에서 하얗게 말라 죽어간 아이들 말이야.)

 당신이 보고 싶어.
 기다리기로 한 당신은 왜 여기 없는 거야.

많이 보고 싶을 땐 전화하라고 했지.
전화도 할 수 없을 땐 간절하게 생각하라고 했지.
당신을 불러본다.
의식이 흐려진다.
너무 춥다.
얼음
아름다운 보석 같은
물의 결정체들
당신의 눈물 같은
얼어붙은
당신의 눈물 같은……
………

사랑은

1

사랑은 그렇게 왔다.
얼음 녹는 개울의 바위틈으로
어린 물고기가 재빠르게 파고들듯이
사랑은 그렇게 왔다.

  알 수 없는 차가움이
  눈을 투명하게 한다.

사랑은 그렇게 왔다.
발가벗은 햇빛이 발가벗은
물에 달라붙듯이
사랑은 그렇게 왔다.

  수양버드나무의 그늘이 차양처럼
  물을 어둡게 한다.

사랑은 그렇게 왔다.
한 말 없는 수초가 말
잃은 채 뒤잉키듯이

사랑은 그렇게 왔다.

    가라앉아도 가라앉아도
    사랑은 바닥이 없다.

2
사랑은 그렇게 갔다.
미처 못다 읽은
책장을 넘겨버리듯이
사랑은 그렇게 갔다.

    말하려고 입 벌리면
    더러운 못물이 목구멍을 틀어막았다.

사랑은 그렇게 갔다.
날아가며 남겨둔 여린
가지가 자지러지며 출렁이듯이
사랑은 그렇게 갔다.

    손이 닿지 않는 곳에서만
    꽃들은 예쁘게 피어났다.

사랑은 그렇게 갔다.
이미 범람해버린 강물이
지루하게 제 수위를 회복해가듯이
사랑은 그렇게 갔다.

    사랑이 어루만진 부위에
    홍수가 휩쓸고 간 잔해가 남았다.

  3
사랑은 그렇게 왔다.
사랑은 그렇게 갔다.

기포가 떠오르고
말할 수가 없다.

거리에서

수련이 피지 않는 4월에
나는 거리로 나왔다.
늘 책상 앞에서 세상을 내다보던
내게, 거리는 까마득히 높은 벼랑과 같았다.

거리에서 무엇을 할 수 있을까, 생각했다.
생각하며 걸음을 멈춘 내게 부딪히며
사람들은 흘러갔다. 나는
물결을 거스르며 불안하게 서 있는 이물질 같았다.
자동차들도 쉴새없이 움직였다.
움직이지 않을 때는 꽁무니에
빨간 경고등을 켰다.
그게 거리의 원칙이었다.

멈춰 있다는 것은
빨간 경고등을 등에 켤 정도로 위험한 것이었다.
생각을 버리고 걷기 시작했다.
―그건 어려운 게 아니다.
 거리는 리듬이고 리듬에 몸을 맡기면 되는 일이다.

해 지고 난 직후의 어스름에
어느 길모퉁이에서 "여보세요" 하고
부르는 소리가 들렸다.
돌아다보니 내 오랜 친구인 어둠이 서 있었다.
그는 석탄처럼 따뜻해 보였다.
"어딜 그렇게 열심히 가니?" 하고 그가 물었다.
"멈추지 않으려고" 하는 소리를 뒤에 남기고, 나는 계속 갔다.

*

"어둠에 귀 기울여봐" 윈도 브러시가 빗방울을 닦아내며 말했다.
"기리에서 쓰는 시는 어떤 것일까?" 하고 나는,
헤드라이트 불빛에게 물었다.
물로 엮은 발처럼 내리는 비는 모두
헤드라이트 불빛이 비추는 곳으로 빨려 들어갔다.
내가 탄 자동차도 그곳을 향해 달렸으나
끝내 빨려 들어가지 않았다.

거리에 나오고부터 나는 더 채울 데가 없는 바께쓰였다.

*

처음 보는 풍경들은 부엌칼처럼
내 삶에 들러붙어 있는 꿈틀거리고 칭칭 감기는
수많은 다리들을 썰어낸다, 요리해낸다.
낯선 길에도 언제나
익숙한 세상 것들은 있어 앞서거니 뒤서거니
생경한 시간들을 낡은 것으로 되돌려 보낸다.
다만, 황량한 소금밭에서 자라는
연체동물 같은 기괴한 풀들의 군락이
상상의 시간 속으로 나를 빨아들인다.

바다를 가두고 있는 기다란 둑과
바람에 펄럭이는 칙칙한 색깔의 천막
낚싯대를 잡고 있는 사람들, 천막 밑에서 술잔을 기울이는 사람들
떠나고 돌아오는 조그마한 낚싯배들
하늘에 가볍게 붙어 있는 구름들

가느다란 현악기의 음색처럼 간간이 구름을 뚫고
쏟아져 내리는 오후의 햇빛들.

멀어지는 수평선과 맞닿았다 되돌아와
내 머리 위까지 펼쳐지는 하늘.
푸른 색깔을 잃고 흔적을 지워가는 형광빛 은색,
잔상까지 지우는 하얀 번쩍임들.
아! 눈을 뜨고는 도저히 바라볼 수 없는
텅 빈 세계의 균열
그 어떤 미지의 손짓처럼 푸르르 푸르르
날아가버릴 것처럼 펄럭이는 布帳
너무 고요한 사위를 뚫고
엄청난 굉음이 한쪽 귀에서 다른 쪽 귀로
천천히 통과하는 것 같은
시간의 耳鳴.

어느새, 내 옆에 다가와 있는 그대,
환하게 눈부신 그 여름의 수련처럼
그대는 구멍, 단단한 세계의 헐린 틈새,
언제나, 홀연히 어느 다른 곳으로 나를 데려가는

저 멀리 차량들로 붐비는 거리에서
지체되어 서행하는 사이드미러 안으로
빨려 들어온 아득한 노을,
사라져가는 저녁의 따뜻함이
불쑥, 그대 호흡처럼 내 입안에 뒤섞이는,

그렇게, 낯설고 신비로운 세계는
차창 밖에 서서히 지나가버리는 풍경처럼
내 삶의 근처를 스쳐 지나갔다, 거리에서

두 개의 눈

공기는 존재하지 않는 것처럼 정지해 있다가
바람이 되어 외딴 섬의 풀들을 눕히고
날렵한 매를 공중에다 수직으로 쏘아 올린다.
그 섬의 벼랑 끝에 소나무처럼 발을 묻고
수평선에 몸을 걸친 채 바다와 하늘을 배경으로
금방이라도 날아가버릴 듯 바람을 타고 있는 몸에

두 개의 눈이 있다.
마치 존재하지 않는 공기와 같은 수련의 實感을
바람처럼 불러일으키는 종이에 얹힌 언어처럼
눈은 단번에 사파이어처럼 단단한 푸른 액체 위에
떠 있는 아름다운 하얀 발광체 앞에 멈춰 선다.

언어가 하얀 발광체로 태어나는 그 순간을
두 개의 눈은 알지 못한다.
카메라의 조리개가 열렸다 닫히는 것처럼
눈 깜짝할 사이에 암흑이 있었는지 모른다.

암흑 속에. 유리창에 곤충의 날개처럼 여린 성에가
희게 피덕기렸다. 모든 것이 얼어붙은 추운 어둠 속에서

눈 위의 발자국처럼 늑대의 울음 소리가
바람에 휩쓸리며 끊어질 듯 들렸다. 그리고 눈이 왔다.
차갑고 연약한 것이 피부에 닿았다간 금방 물방울로 번진다.
"눈이구나." 암흑 面에 흠집처럼 간간이 흰 얼룩이 생기는 것을
두 개의 눈이 발견한다.

하얀 발광체가 수련이란 것을 알기 전에
눈 깜짝할 사이에 암흑이 있었다는 걸 아무도 장담하진 못한다.
수련을 눈송이로 본 것은 착시인지도 모른다.
그러나 한여름의 햇빛이 눈송이처럼 반짝거렸고
꼼짝도 않는 정적의 물 위에 떠 있는 수련의 흰 나팔,
저 안에서 늑대의 울음 소리가 들렸다.

그 운명적인 울음 소리가 시인을 깨워 어둠 속에 세웠다.
눈 덮인 겨울 들판 같은 종이 위에
잔 나뭇가지를 지나쳐온 바람이 면도날처럼 얇아져
창 틈으로 들어오고 오래전에 읽었던 언어로부터

늑대 울음 소리가 이곳까지 들렸다.

바람이 바람을 일으키듯, 눈이 눈을 당겨 떨어지듯
언어가 언어를 허공에서 끄집어낸다. 그럴 때마다
두 개의 눈이 言語와 實物에 어지럽게 뒤엉킨다.

바람 같은 종이 위에 파도처럼 글자들이 줄지어 몰려
와서 철썩인다.
일정한 간격을 두고 줄지어 씌어지는 글자들처럼
일정한 간격으로 파도는 줄곧 소나무가 서 있는 섬의
벼랑을 때린다.
출렁이는 종이 위에 글자들의 견고한 수평선으로
두 개의 눈이 등대의 서치라이트처럼 비추고
바다와 하늘이 맞닿는 아득한 그곳에
가만히 떠 있는 배처럼 수련은 떠 있다.

두 개의 눈은
광막한 종이 위에서
오랜 시간의 항해 끝에
목마름과 태양빛의 피로 끝에서

그 누구의 발도 닿지 않은 순결한 섬에 착륙하듯 수련을 발견한다.

엄청난 바람이 온 섬을 점령하고
둘레가 온통 벼랑이어서 接岸이 되지 않는 섬.
그 섬을 읽는 순간 상상력처럼 매가 날아오르고
암벽에 부딪혀 의식이 흰 물방울처럼 높이 튀어 오른다.

수련,

바다 가운데 당신의 침대 같은 그 섬.

수평선을 열어놓고 당신은 잠들어 있다.

여름

유리를 통해 여름을 본다.
창문을 두드리는 비의 가냘픈 손가락.
시선이 다 좇아갈 수 없는 곳에까지
비가 쏟아진다. 겨냥하지 않아도
솔잎의 뾰족한 끝에까지
빗방울이 명중한다. 한 방울
두 방울, 이제 헤아릴 수 없이
유리를 적시며 흘러내린다.
수련도 비를 맞는다. 바르르
바르르 떨리는 꽃잎이
얼굴을 돌린 채 조용히 흐느끼는
당신의 어깨를 연상시킨다.
하얀 꽃잎, 그리고 흰 실크 블라우스를
걸치고 있던 당신의 어깨.
못물은 마른 풀잎과 꺾인 가지를 띄운 채
요란한 소리를 내며 수많은 작은 종들을 만들고
여전히, 늘어선 나무와 어두운 하늘을 비춘다.
유리를 통해 수련을 본다.
양 옆으로 나무들이 늘어선 좁은 길이
저 먼 반대편 소실점으로 사라진다.

밀폐된 고요함, 일렬로 줄지어 선 푸른 촛불 같은 나무,
자꾸만 나무 꼭대기로 증발하는 마음이
소실점 너머로 사라진다.
유리를 통해 수련을 본다.
마음은 비 맞은 못물처럼 튀어 오르고
밀폐된 고요함으로 바싹 마른 뺨을
수련 위치쯤의 유리에 갖다 댄다.

물 2

물은 검은 눈동자.
구릉과 구릉 사이, 들판
가장자리에서 문득 너는
은밀한 눈을 뜬다.
너와 새의 시선이 마주치는 순간
새는 너에게 비친 자신의 은폐된
생의 한순간을 본다.
한사코 쳐다봄으로써 그곳에 빠진 자신을
서서히 돌아보게 하는 너는
수심을 짐작할 수 없는 깊은 눈동자.
거듭거듭 새는 찰랑이며 드러누운
들판의 눈동자 위로 날아오른다.

*

새의 눈으로 바라보면
물은 빛의 구멍,
파열하는 슬픔의 파편들.
눈부셔라, 눈부셔라
반짝이는 순간들이 영원히
너의 젖은 삶을 희롱하는구나.

물 3

너는
사랑의 얼굴 앞에 드리운 검은 차도르

너는
아름다움을 가리고 있는 베일

너는
욕망과 욕망의 대상, 사이에, 쳐둔 커튼

수련
출렁이며 반짝이는 치마를 추켜
젖가슴을 누르듯 동여맨
흰 수련

너는
수련의 하반신을 가리고 있는 치마

너는
차갑고 맑은 수련의 수액

물 4

1
물은 펼쳐야 읽을 수 있다.
물의 말을 들으려면 사전에서 낱말을 찾듯이
페이지 속으로 잠수해야 한다.

물은 거대한 입처럼
미처 말이 되지 않은 소리들이
웅얼웅얼 모여 있는 연못이다.

2
너를 바라보면 움직이는 쇳덩이 같다.
너희들은 쇳덩이보다 더 강하게 서로를 끌안고 있다.

쇳덩이를 뚫고 부들이 싱싱하다.
초록의 날카로움이 날아가는 시선을 벤다.

굽이굽이 물결치는 쇳덩이 위에
흰 사기 브로치처럼 수련이 붙어 있다.

3
너에게 젖지 않고는
너의 차가운 이마를 알지 못한다
너를 잡을 수 없다는 것도.

너에게 젖지 않고는
네가 안아주는 느낌을 알 수 없다
너에게 빠져들수록 빠져나오기 어렵다는 것도.

너에게 젖지 않고는
네가 기르는 것들을 알 수 없다
네가 전혀 다른 세계라는 것도.

너에게 젖어 푹 빠지면
너에게 안심하고 모든 걸 맡겨버리면
오히려 바깥으로 밀어낸다는 사실을

너에게 젖지 않고는 알지 못한다.
너에게 빠지는 순간
너를 더 이상 바라볼 수 없다는 것도.

물 5

너를 보려고 얼굴을 숙이고 눈을 갖다 댄다.
너는 보이지 않고 네 피부에 내 얼굴이 비친다.
거울 같은 살갗.

비친 얼굴 너머로 너의 깊이를 열어주는 은밀한 창.
하늘의 내부처럼 믿어지지 않는 바닥에는
고요와 젖지 않은 햇빛,
굴곡진 표면에 비치는 영상처럼
아라베스크 무늬로 일렁이는 그림자들.

손을 갖다 대면 차가운 입천장에 닿은 것
같았는데, 너는 없고
너의 침으로 젖은 손.
손을 집어넣으면 어느새 그곳은 구멍,
오므린 입술이 손목으로 달려든다.

너의 내부에 대해서는 말할 수 없다.
입 벌리는 순간 너의 육체가 가득 메우고 말았으니.
나의 구멍은 모두 너에게 접속되고 말았다.

다만, 너의 내부로 내가 들어갈 때
너의 살이 찢어지며 하얗게
보푸라기처럼 수련이 생겼다.

아니, 너의 내부가 나를 빨아들일 때
너의 심연으로부터 뱉어낸 말이
공기 방울처럼 솟구쳐 올라
어느 순간 활짝 펼쳐진 수련이 되었다.

물 6

물과 수련은 늘 붙어서 뭘 할까?
뺨을 맞대고서 입김에 젖은 채.

체온계처럼 서로서로 입에 물거나
겨드랑이에 끼고 있나?
속삭일 말들이 그렇게나 많을까?

수련에게 물어보고 싶어.
수련은 왜 늘 물에 잠겨 있는지.
물은 왜 늘 수련을 덮고 있는지.

   (알고 있겠지
    수련은
   피져니기는 향기를

   알고 있겠지
    물은
   氣化하는 사랑을)

수련에게 물어보고 싶어.

물에겐 들리지 않게.
물에 젖지 않고

수련, 너만 들을 수 있는
말들을 입술 사이로
끄집어낼 수 있다면

수련, 물에 빠지지 않고
너의 귀까지 걸어갈 수 있다면

너에게 속삭일 거야, 수련
네가 들을 수 있는 최초의 말로.

그러나 가라앉고 말겠지.
네가 듣지 못하는 말은 돌.
수련을 흔드는 물결만
남긴 채.

나무

뜨거운 여름날 공중에 펼쳐지는
분수처럼 싱싱한 초록 잎들.
그 푸른 우산 밑에 들어가 누우면
가져도 가져도 가질 수 없는 서늘한 그늘은
내 육체를 감싸며 덧없이 휘발하겠지만,
사라지는 자락 끝단을 내 손에 쥐어주며
당신은 팔랑이는 수천의 입술로 장난스레 웃음 짓네.

햇빛이 너무 예쁘게 핀 여름날

햇빛이 너무 예쁘게 핀 여름날
너와 함께 수영장에 갔다.
너를 쳐다보는 눈이 깜박하기도 전에
너는 잽싸게 옷을 벗고 알몸으로 물속을 유영했다.

나는 눈을 깜박거리며 잃어버린 너를 안타까워했다.
물가에서 수영이 끝나기를 기다리는 동안
눈이 점점 어두워지고 메말라갔다.

내 눈에서 나온 너는 이제 돌아갈 곳을 잃고
수영장을 맴돌 수밖에 없게 되었다.
나는 이 수영장이 무엇을 바라보는지를 그동안 줄곧 생각했다.
오랜 시간이 흐르면서 나는 눈이 없는 사람이 되었다.
나는 아무것도 볼 수 없었지만 아무것도 아닌 세계를 또한 깊이 숨길 수 있었다.

아무도 찾지 않던 내 눈에 드디어 누군가 찾아왔다.
그는 눈을 잃고 목말랐던 사람이었다.
돌보지 않아 무성하게 흐트러진 내 눈에 감탄한

그는 한참을 넋 놓고 있다가 마침내 갈대가 되었다.

나중에 알게 되었지만 그의 눈은 예전의 그 수영장이었다.
그를 통해 알게 되었지만
오래전부터 내 눈은 너를 숨기고 있었던 모양이다.

바다 1

 숨구멍으로 말들이 밀려 들어와선 땀구멍으로 천천히 빠져나갔다. 저기저기 미동도 않는 화살촉 같은 꼿꼿한 녹색 나무. 욕망이 들어왔다 빠져나갈 때처럼 당신은 밀려왔다 뾰족한 펜 끝으로 빠져나갔다. 알 수 없이 근질거리는 그곳을 당신은 언제나 비껴 지나갔다.
 바다는 수시로 들락거리고 젖은 모래와 마른 모래의 경계는 늘 예상할 수가 없다.

 숨쉴 때 일정하게 오르락내리락하는 당신의 배처럼 바다가 조용하게 찾아왔다 빠져나갔다.

바다 2

바다에 와서야
바다가 나를 보고 있음을 알았다.

하늘을 향해 열린 그
거대한 눈에 내 눈을 맞췄다.

눈을 보면 그
속을 알 수 있다고 했는데
바다는 읽을 수 없는
푸른 책이었다.

쉼 없이 일렁이는
바다의 가슴에 엎드려
숨을 맞췄다.

바다를 떠나고 나서야
눈이
바다를 향해 열린 창임을 알았다.

영덕, 겨울 바다

아침이 되자 바다가 사라졌다.
세상을 개봉하듯 눈꺼풀을 올렸을 때
모든 것을 지워버리는 빛의 분사,
빛의 화살, 빛의 화약…… 아무것도 바라볼 수 없었다.
눈앞에 갑자기 플래시가 켜진 듯
시선은 빛의 소용돌이에 삼켜져버렸다.

광선의 폭발, 그게 아침 바다였다.
눈부셔 도저히 쳐다볼 수 없는 빛의 분화구에서
지치지 않고 계속되는 파도 소리, 갈매기 소리, ……소리가
없어진 바다가 거기 있음을 알렸다.
고요한 아침, 요란한 빛의 터짐,
태양은 바다에 빠져 물에 녹으며
용접 불꽃 같은 마지막 광채를 뿜어냈다.

빛으로 된 물, 빛으로 된 파도, 빛으로 된 바람,
얼마나 밝은가, 어두운 건 바라볼 수 없는 나의 시선뿐.
쏟아지는 광선의 빗줄기에 젖은 아침의 침묵,
소리들은 수평선 쪽으로 몰려가서 어두운 하늘로 빨

려 들어간다.

    빛의 바다, 눈 뜰 수 없음,
    말할 수 없음,
    그곳에 더 이상 물에 녹지 않는 빛이 있다.
    역광의 바다,
    빛을 띄운 움직이는 거대한 물 덩어리.
    바다에 불시착한 아침의 태양.

    검은 섬과 투쟁하는 출렁이는 은빛 광선의 액체.
    니스 칠한 방바닥처럼 얇게
    얼음 광택을 낸 겨울 산, 겨울 길, 겨울 집들이여!
    겨울 바다는 태양을 끓이는 용광로였네.

공기 1

 너의 몸은 보이지 않아. 그러나 너의 몸의 미세한 부분을 확대하면 거기엔 꽃잎실로 짠 꽃천들이 너울거리지. 너의 몸은 너무나 미세한 입자로 되어 있어서 틈이 없어. 그리고 끝도 없이 펼쳐져 있어서 어떤 모양인지 모르겠어. 게다가 한없이 솟아오르잖아. 잎이 무성한, 높이 비상하는, 보이지 않는 거대한 나무처럼.

 무엇보다 너의 어루만지는 손길을 알고 있어. 숨결이라고 해야 할까? 솜털 하나하나를 떠미는 듯한 미세한 손길. 억새밭을 쓰다듬으며 스스스 하고 소리를 냈다면 바람이라고 했을 거야. 하지만 너는 가만히 있어. 맥박도 미동도 없이.

 그토록 고요한 너의 몸 안에 수련이 들어 있어. 양수에 잠긴 아기처럼. 시간이 멎고, 숨이 멎고, 떨림이 멎고, 모든 게 정지된 순간에 너의 손이 있어, 저 광활한 대기로부터, 저 허공의 깊이로부터 한없는 팔을 뻗쳐 수련을 감싸고 있는 너의 손.

공기 2

 너는 수밀도. 복숭아 살이 씨를 감싸고 있듯이 너는 수련을 포옹하고 있어. 수련의 고집스럽고 유려한 몸매의 윤곽을 너의 긴장된 힘이 지탱하고 있다는 걸 알아. 갓난아이를 끌어안는 산모의 떨리는 손가락처럼 너의 손에 온 신경이 집중되고 있다는 걸 알아.
 유월의 새벽에 어쩌면 수련은 너의 꿈의 한 장면일지도 몰라. (세상의 호리병 속에 갇혀 있는 공기의 꿈.) 꿈에서 깨어나듯 네가 병 주둥이로부터 쑥 빠져나올 때 네 주둥이로부터 아! 하는 탄성과 함께 분만되듯 튀어나온 수련은 너의 꿈.
 너는 수밀도. 수련은 그 수밀도의 향기.

공기 3

눈은 수련에게만 닿지.
수련에게로 쏠리는 시선
너의 몸을 투과하여 수련에 닿지.
네가 끌어당기고 있는 그 시선.

너는 수련을 견디고 있어.
한낮, 말없는 너.
수련 주위에 떠도는 너.
너에게 한없이 잠기는 수련.

수련 꽃잎의 테두리가 너를 끌어당기고
수련을 둘러싸고 있는 네가 흰 꽃잎을 끌어당기고
아, 이 탱탱한 탄력!
한여름 정오의 긴장감.

이 시간을
수련의 깊은 그늘이라고 해야 할까?
너의 심연이라고 해야 할까?

공기 4

수면에 뜬 잎들 사이에서 잠자고 있던
새벽 수련이 서서히 자신을 펼쳤을 때
그만큼의 부피와 속도로
너는 밀도가 짙어지고 팽팽해졌다.

분방하게 무정형이던 네가
수련 꽃잎을 만나면서 또렷한
모양을 갖게 되었으니
수련의 테두리를 감싸고 있는
그 육감적인 선이
너의 말이고 너의 입장이야.

공기 5

수련 꽃잎의 오목한 중심으로
너는 쏠리고 있지.
수련 쟁반이 너를 담았어.
아니 아니, 수련꽃의 중심으로 네가
들어갔다고 해야겠다.

밀고 들어오는 너를 받아들인
흰 꽃잎들?
   (흘러 넘치는
    애무의 잔.)

너를 압박하는
꽃잎들의 감촉?
   (공중으로 분출하는 거센
    기체의 고체화.)

차라리 아주 미세한 떨림도 없었다고 해야겠다.
빨아들이는 꽃잎의 오목함과
압축되어 팽창하는 너의 흥분을
물의 영상이 기록하고 있었을 뿐.

오므린 흰 꽃잎들 사이로
더 커져 보이는 노란 꽃술을
보았다고 해야겠다. 너의 파동이
수련의 흰빛을 흐려놓았다고
당신은 말하겠지만.

공기 6

네가 수련 옆에 머물러 있을 때
수련은 쉴새없이 너의 몸에다 속삭인다.

네 속에는 수많은 말들이 녹아 있어.
수련의 말과 당신의
비밀의 말들도.

당신의 숨은 뜨겁고 달콤한 한 송이 수련.
수련이 피어날 때
당신은 내 코끝에 당신의 숨을 토해낸다.

수련이 속삭일 때
너는 너의 코로 수련의 말을 들이마신다.
수련의 말은 수련의 향기.

수련의 말은 네 속에서 멀리
아주 멀리 퍼져 나간다.
수련의 말은 너처럼 형체도 없이
수련의 말을 담은 너는 아무런 낌새도 없이
물 위로 나뭇잎 사이로 구름을 뚫고 퍼져 나간다.

머나먼 나라에서 당신이 모국어처럼 알아들을 때까지.

당신의 입김에서 나는 수련의 말을 본다.
당신의 입에서 꽃잎을 여는 수련.
당신의 입에서 잠드는 수련.

당신은 물. 나는 먼 곳으로부터
당신의 몸을 헤엄쳐왔다.
당신의 몸속 깊이 잠수했다가
8월의 긴 그림자 밑으로
수련처럼 떠올랐다.

네 속에는 수많은 말들이 녹아 있어.
수련의 속삭임과 당신의
은밀한 속삭임도.
수련은 그 말들을 채집하는 귀야.

네가 수련 옆에 머물러 있을 때
네가 저장하고 있는 수많은 말들로
수련은 숨을 쉰다.

나는 수련을 꺾어 녹음기처럼 귀에 대고
물 위에다 당신에게 보내는 기나긴 편지를 쓴다.

문득 고개 들면 푸른 잎의
너는 수련의 향기로 가득 찬 8월의 육체.

별과 수련

밤하늘은 어두운 연못
젖은 별처럼 수련은
검은 수면에 불을 켠다.

흰빛,
그것은 다이빙대에서 뛰어내리는 수영 선수처럼
곧장 눈으로 뛰어든다.
그 소란에 잠시 밝았던 눈이
다시 어두워진다. 술렁임도 멎고
다시 잠잠해진다.

캄캄한 머리를 뒤적거리다
어디엔가 부딪히면
수련인가 하고 얼른
눈을 뜬다.

읽을 수 없는 수련의 말

무엇인가 말하려는 것처럼 수련의 입술이 떨렸다.
그때 물의 뺨이 떨렸는지도 모른다.
아니 수련도 물도 그대로 꼼짝도 않고
햇빛의 입술이 가늘게 떨렸는지도 모른다.

밤의 공기 속에도 햇빛의 불꽃이 숨어 있다.
 그 불꽃은 주홍색 뿔 모양으로 수련의 꿈속을 들락거린다.
 수련은 어둠 뒤쪽에 은밀히 숨은 햇빛의 시선을 느끼며
 잠 속인지 꿈속인지 모를 어렴풋한 안개 속에서
 물의 귀를 두드렸다. 그때 물이 흰빛에 스며들었다.
 마치 백지 위에 잉크가 스며드는 것 같았다.
 물과 수련이 섞이면서 잠시 무정형의 덩어리로 합쳐졌다.

캄캄한 머리를 급히 일으키는 바람에
별들이 세차게 부딪히면서 큰 소리로 번쩍였다.
수련의 연못은 사라지고 일렁거리지도 않는
흰 종이만 딱딱하게 놓여 있다. 고통스럽게
머리 속에서 반짝거리는 별들을 종이 위에 쏟아낸다.

그때 물의 귀처럼 수련의 말을 들은 것 같다.
그러나 종이는 그 말들을 물처럼 반사시키지 않는다.
볼 수가 없다. 읽을 수 없는 수련의 말들이 어둠의 밑바닥으로
가라앉는다. 별들도 더 이상 반짝거리지 않고
식어버린 돌처럼 백지 위를 버석거리며 돌아다닌다.

수련의 비밀 2

안으로 조용하게 들끓는 여름.
강한 햇빛과 차가운 물, 무거운 돌,
후텁지근한 바람과 축 늘어진 나뭇잎, 감기는 눈, 수련,
말 못 하는 이 모든 것들은 비밀을 간직하고 있다.
물안개 속에 어렴풋한 여름 새벽의 식물들처럼
말이 되지 못한 것들이 뒤엉켜 있는 잡목 숲.
언어로도 표현하지 못하는 여름의 비밀, 시간의 비밀,
삶의 비밀, 수련의 비밀.

비밀은 깊다. 말없는 시간의 더딘 지루함과
기다리는 시간의 조급함처럼.
팔 하나를 집어넣어도 잡을 수 없는 깊이.
몸 전체를 빠뜨려도 섞일 수 없는 깊이.

햇빛!

눈부셔라, 포옹의 흔적, 물의 팽팽한 배 위에서
튀어 오르는 크리스털빛의 섬광들. 지난밤
격렬한 마찰의 뜨거운 여운이 폭발 뒤의
포연처럼 물의 육체를 감싸는구나!

아침의 입김과 뒤섞이는 햇빛의 고운 가루들이여!
물에 닿아 수많은 빛의 나비를 날리고
나뭇잎 윤곽을 따라 녹색 물감을 칠하는
햇빛의 언어들, 갓 말을 배우는 아장거리는 입술들이여!

말해요, 수련을 안아 흰빛을 남기는
눈부심의 딴딴함으로 말해요, 물의 얼굴에다,
연못의 귀에다, 꽃의 귓바퀴에다 혀를 집어넣어요.
떨어지는 햇빛의 말들을 모아 검은 물 위에 휘갈기는
수련꽃들이여! 하얀 글자들이여!

눈부신 물결이 반짝이는 연못가 생기발랄한 수련 위로
떨어지는 따뜻하고 뜨겁고 뾰족한 입술들이여!
찌르듯이 떨어져서는 부드럽게 이마를 감싸는
침엽처럼 따가운 열정의 눈빛들이여!

여름의 비밀

여름은 끓어오르는 열정.
모든 식물의 내부로부터 소용돌이치는
정열이 잎이 되고 꽃이 되어
여름의 공기를 불타오르게 한다.

물의 초록 잎들이 잔디처럼 자라는 연못에
새하얀 무늬의 수련들이 별처럼 반짝인다.
햇빛은 꼬리까지 불을 밝힌 채
불티처럼 빠르게 날아다니고
바람은 수련의 말을 듣기 위해 귀를 웅크린 채
무리지어 있는 수련 주위에 가만히 머문다.

여름은 말 못 할 욕정으로 타오른다.
차가운 돌도 침묵의 어두운 내부로부터 뜨거워지고
나뭇가지들마다 초록 심지들이 새파란 불꽃을 내민다.

태양은 수련을 읽기 위해 그 환한 燈을
끊임없이 연못에 빠트리고 종이보다
더 흡인력이 강한 푸른 수면에는 수생 식물들이 말보다
더 뚜렷하고 진실한 색채의 꽃들로 타오른다.

그 꽃들의 불길 속에서 말로는 도저히 들려줄 수 없었던
여름의 비밀들이 타서 없어진다.
여름의 그 뜨거운 열정은 어디서부터 시작된 것일까?
아무에게도 말할 수 없었고 어떤 글로도 표현할 수 없었던
조용히 타오르기만 하던 그 여름의 비밀로부터?
거울처럼 여름의 가릴 수 없는 나신을 짓궂게 비추던 푸른 연못으로부터?
다만 불꽃의 가장 뜨거운 가장자리라고밖에 말할 수 없는
타오르는 순간 사라지고 마는 수련꽃의 저 흰빛으로부터?

아아! 여름은 끓어오르는 열정.
모든 시간의 내부로부터 소용돌이치는
정열이 잎이 되고 꽃이 되어
여름의 꽉 찬 입술을 불타오르는 공기로 가득 채운다.

어둠

검은 고양이 털 같은 어둠 속에
눈을 뜬 채 캄캄함을 응시한다.
어둠은 깊은 물처럼 적막하다.

어둠은 어떻게 파도칠까?
검은 바다가 등을 구부리며
도약할 태세로 웅크리면
파도 상단에 하얗게
번쩍이는 물의 깃털들.

하나의 나뭇잎이 흔들리기 시작하면서
주위 나뭇잎들의 흔들림으로 번져가듯이
키 큰 나무들이 등을 구부리면
그만큼의 어둠도 굽이치고
숲 전체가 서서히 부풀어올라
마침내 거대한 어둠이 파도친다.

어둠 속에 하얗게 번쩍이는 수련 꽃잎들,
밤의 얼굴 위에 물처럼 고인 눈동자.
그걸 둘러싼 캄캄함의 물결 너머

거세게 몰려오는 파도는 무엇이며,
그 시작은 어디일까?

어둠의 파도 상단에서 눈을 뜬 채
캄캄함으로 캄캄함을 어루만진다.
어둠이 검은 거울처럼 어둠을 비춘다.

빛이 있다

수련 앞에 있다
눈을 뜬다
빛이 있다
흰색 꽃잎
물조리개처럼 빛을 뿜어내는 흰 꽃
그림자를 적시는 물
빛을 부러뜨리는 물결
물을 빨아들여 점점 무거워지는 빛

수련 앞에 있다
눈을 감는다
따뜻한 공기
빛이 없다
수련의 말을 들으려 귀를 곤두세운다
따뜻해지는 귀
수련 쪽으로 몸을 기울인다

수련이 말한다
눈을 두드리는 흰빛
눈을 뜬다

앙다문 물빛 위에서
멍하니 입 벌린 수련

8월

8월의 정오
수련이 그 하얀 입술을 벌렸을 때
나비가 날아올랐다.

기차가 빠르게 쏟아져 나오는 터널 입구처럼
수련이 애타게 소리쳤지만
아무도 수련의 말을 듣지 못했다.

천천히 나비가 날아오르고
한순간, 심장은 멎고 영상은 고정되었다.
엔딩 타이틀이 흐르는 가운데
그 절규하는 하얀 수련,

나비를 놓쳐버린 그 하얀 손이
8월의 정오가 남긴 마지막 장면이었다.

해설

수련, 그 황홀한 물성(物性)

송상일

수련을 만나러 가는 아침
자전거 바퀴살에서는 은색 광선들이
반짝거리며 달려 나오고
아기처럼 앳된 공기의 손이 더듬거리며
우윳빛 잠옷에 어른어른 비치는
하늘의 젖가슴을 연다.
눈부신 해, 오, 모든 식물들의 심장,
모든 꽃들이 입을 대는 젖꼭지.

페달을 밟을 때 뭉쳐지는 근육은
심장에서 뻗어 나가는 대동맥을 통과하는
피의 속도를 빠르게 한다. 그 피가
한 바퀴 돌아 심장을 거세게 펌프질할 때면
내 정신 속에는 이미,

수련이 꽃잎을 펼치기 시작한다.
　　수련을 만나러 가는 아침마다　　―「어느 날 문득」부분

　망디아르그의 소설이 생각난다. 레베카는 아직 여명인 시각에 오토바이를 타고 도로 위를 질주해 나아간다. 정부(情夫)를 만나러 가는 길이다. 여자의 성기 아래선 피스톤이 실린더 속을 미끄러지며 헐떡이고 있다. 자전거 페달 밟기가 피스톤의 왕복 운동보다 덜 에로틱해야 할 이유는 없다. 수련을 육화(肉化)한 시구는 넘치도록 풍부하다.

　　물은 밤에 우울한 水深이었다가 새벽의 첫 빛이
　　닿는 순간 육체가 된다. 쓸쓸함의 육체!
　　　　　　　　　　　　　　　　―「물과 수련」부분

　　한 여인이 수련처럼 물 밖으로 피어난다.
　　　　　　　　　　　　　　　　―「한 여인」부분

　등등.
　한마디 보태자면, 통상적 비유법으론 '수련이 여인처럼'일 것이다. 그러나 시가 더 본래적이다. 수련처럼 여인이 피어날 수 있는 것은 여인의 몸이 원래 수련이었으므로 가능한 은유다. 이 시구는 사실을 말하고 있다.

　　여름날 나른한 호수에서
　　얼굴만 내민 채 수영하던
　　눈부신 여인

아랫도리가 훤히 들여다보이는 나체의
투명한 수면 아래로
    ——「수련을 위한 몇몇 말들의 설치」부분

 수련의 애무는, 여인의 그것처럼 황홀하다. 황홀은 나의 의식이, 존재가 무화(無化)하는 현상이다.

  그대의 흰 손이 내 머리카락에서 피어난다.
  그대의 흰 손이 내 이마에서 피어난다.
      ——「그대의 흰 손」부분

 시를 쓴다는 것은, 내가 수련이 되는 것(그러기 위해서는 먼저 무가 되어야 한다), 그리고 마침내 물이 되는 것이다. 물이 된다! 얼마나 에로틱한 꿈인가.
 물이 되는 것은 또한 '물렁물렁한 감각'——언어 이전의 상태——으로 돌아가는 것을 의미한다. 그래서 물과 언어는 대척 관계가 된다.

  부유하는 날카로운 언어에 걸려
  파들파들 떠는 물의 근육들. ——「물에로의 끌림」부분

 그러나, 물이 더 근원적이다. 물의 세례를 받으면 돌멩이도 시(詩)를 노래할 수가 있다.

  날아라 불방울-새야

> 돌멩이를 던지면
> '퐁당'하고 지저귀며 ——「물방울-새」부분

물방울이 새가 되어 날아오른다. 비상하는 물의 눈부신 파편들—— 그 눈부심을 노래하기 위해서는 시인 자신이 새가 되어 날아올라야 하리라.

> 새의 눈으로 바라보면
> 물은 빛의 구멍,
> 파열하는 슬픔의 파편들.
> 눈부셔라, 눈부셔라 ——「물 2」부분

시란, 시인 자신 물이 되고 공기가 되어 수련과 희롱하는 수작이다. "너에게 젖지 않고는 알지 못한다./너에게 빠지는 순간/너를 더 이상 바라볼 수 없다는 것도"(「물 4」). 빠져야 알 수 있고, 빠지면 더 이상 알 수 없는데, 그것이 정녕 아는 것이다. 관건은, 그러므로 결국, 빠지는 것이다.

그리고 이 모든 것이 가능한 것은 그곳이 수련이 있는 연못인 까닭이다. 수련은 우주를 새롭게 빚는 창조적 손길이다. 우주 창생이 재현될 수도 있다. 그것도 꽃잎의 가장 작은 공간 속에서.

> 발갛게 부어오른 암술과
> 꽃잎처럼 벙그러지는 하늘 ——「해질녘」부분

하늘이 꽃으로 피어나고, 마침내 온 세상이 한 송이의

꽃이 되고 있다. 그러나 이런 우주적 상상력은 존재가 녹아드는 에로티시즘에 힘입지 않고는 어림없는 일이다.

정녕 차이는 이것이다: 동물적 황홀과 식물적 황홀—섹스가 동물적인 것만은 아니다. 민들레 씨의 비산(飛散)도 어엿한 섹스 행위이다(그러나 물론 동물적이지는 않다). 레베카의 오토바이는 한 마리의 관능적 짐승이다. 반면 시인의 자전거——그것의 바퀴살에 부서지는 빛 가루의 황홀한 비산은 바람 속 민들레 씨의 그것을 방불케 한다——의 관능성은, 굳이 분류한다면, 식물성이다.

그러나 다름을 과장할 필요는 없다. 물과 불은 한 쌍의 정화력이다. 에로티시즘은 수세(水洗)——식물적이다——와 화세(火洗)——동물적이다——를 모두 환기시킬 수가 있다.

> 수련은 그 모든 세계를 닦는 흰 수건처럼 피어 있다.
> ——「수련은 커다란 거울 위에」 부분

그것이 있음으로 해서 세계가 정화되는 수련은, 존재를 태워버리는 불꽃으로 타오를 수도 있는 것이다. 정화수가 흙탕물이 되어 범람하듯(노아 홍수), 불의 세례가 정염의 불기둥으로 화하는 데에 상상력은 큰 수고가 필요치 않다. 흰빛 역시 순결한 표정만큼이나 요염할 수가 있는 것이다. 그 역도 마찬가지다.

수련은 황홀하다. 수련을 만나러 가는 몸 달음을 시인은 다음과 같이 말하고 있다. "수련을 만나러 가는 아침마다/내 마음은 항상/그 불꽃 속에 있다"(「어느 날 문득」). 가서 불을 켜는 것은 '나'지만 그 '나'는 이미 수련의 불꽃에 휩싸여 있다. 시간적 차질이 빚어진 것은 왜일까? 점화보다 기쁨의 불꽃이 먼저 지펴지는 것은 회상에 의해서다(레베카가 새벽 도로 위를 달려 나가는 것도 정사의 기억에 이끌려서다).

회상에 의해 시인은 아침마다 서두르며 수련과의 '첫 경험'을 반복하는데, 서두르는 이유는 "교차로에서 신호를 기다리기 위해 바퀴를 멈"추면, 그것은 곧 사라지고 없어지고 말기 때문이다. 시인에 의하면, 시란 수련과의 그런 첫 경험을 생생한 그대로 **보존**하는 것이다(하이데거의 용어를 빌렸다. 시인 자신은 '기록하고 표현하는'으로 적고 있다).

그러나 보존은 지난한 과제다. "수련의 향기와도 같은 삶의 매혹은 그것(사라짐-인용자)에서 생기는"것인 까닭이다. 시의 향기와 매혹이 뿜어나는 곳도 바로 이 사라짐의 지점이리라. 채호기의 수련 연작은 이 보존과 사라짐의 경계에서 발생하는 사건을 기술하고 있다.

시인은 어디에선가, 『밤의 공중전화』(그의 세번째 시집)가 **물렁물렁한 감각을 언어로 표현**하려고 했다면, 그뒤에 씌어지고 있는 수련에 관한 시들——당시는 아직 시집으로 묶이지 않은——은 수련과 언어의 경계를 **지우는** 것이라고 말한 적이 있다.

감각을 언어로 표현하는 것은 인식의 문제에 속한다. 인식은 분절 행위인데, 그 분절을 가능케 하는 것은, 언어이다. 그 점에서 언어는 인식에 앞선다. 그럼 감각은? 감각도, 인식처럼, 언어의 분절이 있고 나서 간신히 일어나는 것일까?

인식은 본질적으로 의미의 인식이다(그리고 의미가 가능한 것은 언어의 분절에 의해서다). 감각은 의미를 묻지 않는다. 느끼는 것은 아는 것과 다르다. 앎을 조작함으로써 아우슈비츠를 정당화할 수 있을지 모른다. 그러나 가스실의 고통은 비명으로써 그런 조작을 야유한다. 개〔犬〕──인간의 언어를 가지지 않은──도 고통을 아는가 하고 물으면 단언적으로 대답하기 어렵다. 그러나 개도 고통을 느끼는가 묻는 것은 지독한 인간 중심주의가 될 것이다.

『밤의 공중전화』에 모은 시들은, 시집의 후기에 따르면, 아직 확고한 덩어리로 굳어지기 전의 물렁물렁한 감각 상태를 언어로 생산하는 '불가능한' 작업이었다. 시인은 그 불가능한 작업의 가능성을 '몸'에서 모색한다. 어째서 몸인가? 왜 이성이나 정신은 안 되는가? 이성의 소위 '명석한 인식'은 감각 사건을 물렁물렁한 상태 그대로 표현할 수 없다. 이성은 표현 능력이 없다. 그것은 사건을 이성의 언어로 대체할 수 있을 뿐이다. 이성의 '명석한 인식'이란 실은 물렁물렁한 물성(物性)을 '확고한 덩어리'로 대체하는 의미화──유식(唯識) 불교에선 '허망분별'이라고 칭한다──에 불과하다.

그럼, 감각을 언어로 표현하는 것과, 수련과 언어의 간격을 좁히는 것은 어떻게 다른가? 다른 사물이었다면 그다지 다르지 않을 것이다. 그러나 지금 시인 앞에 있는 것은 그저 미정형인 물성이 아니다. 그것은 수련인 것이다!

  물렁물렁한 감각 사건을 표현하는 것은, 의식이나 언어에 의해 분류·정리·질서화하기 이전의 물성을 인식하는 문제이다. 즉, 확실성을 찾는 작업인 것이다. 시인에게 수련은 그 확실성을 담보한다. 수련은 확실하다! 그런데 시인은 어떻게 그런 확실성을 확신하게 되었는가? 여기, 시인 자신의 증언이 있다.

  어느 날 문득 그가 수련을 지나쳤을 때, 그는 자기도 모르는 어떤 힘과 분명하게 대면하게 되었다는 것을 느끼기 시작했다. 〔……〕 단테가 베아트리체를 스쳤을 때, 그때와 그곳은 지워져 버린 채, 단테에게는 한 소녀의 창백한 흰 뺨과 흰 손만이 남아 있었던 것처럼 수련을 스쳤던 그에게도 흰 빛깔만이 남아 있었다. 그것은 시간과 장소를 흐려버리는 강렬함——강한 인상은 그렇게 시공을 지움으로써 영원을 획득한다——의 힘이었다.

시 「어느 날 문득」의 프롤로그이다. 이 고백에는 수련 사건에 관한 핵심 정보들이 포함돼 있다. 우선, 수련은 흰 빛이다.

  푸른 물 위에 수련은 섬광처럼 희다
      ——「수면 위에 빛들이 미끄러진다」 부분

  氣化하는 저 흰 수련   ——「물과 수련」 부분

온전한 제 부피의 탄력으로
공기를 팽창시키는 저 육감적인
흰 수련!   ──「흰 수련」 부분

　흰빛은 물들지 않은 지각이 포착한 사물의 빛이다(물든 것은 희지 않다). 그리고, 흰 수련은 시간을 가지지 않는다. 시간은 물들인다. '물렁물렁한 감각'을 물들이는 것은, 지나간 시간이 빚은 원한의 기억, 다가오는 시간이 잦는 욕망 따위들이다. 순수 감각은 시간의 경과를 모른다(시간의 지워짐은 에로틱 경험의 특징이기도 하다).
　그러나 무엇보다 주목할 것은 수련 체험의 수동성, 즉 수련 사건의 타자성이다. 위의 고백에 의하면, 수련이 시인을 사로잡았다(시인이 수련을 발견한 것이 아니다. 시인은, 자신이 수련에 의해 발견된 것을 비로소 발견할 따름이다). "내가 '수련' 하고 외치면/수련, 너는 듣느냐? 들리느냐?"(「수련」)고 할 때, 수련은 시인의 호명에 의해 비로소 '꽃'이 되는 그런 따위의 꽃과 얼마나 다른가. 그 다음의 연에는 "네가 나를 발견했을 때/나는 너의 목소리를 들은 것 같았다"는 시인 자신의 증언이 나와 있다. 네가 나를 발견했다(내가 너를이 아니고). 너는 듣느냐? 질문은 이미 거기에 있는 수련의 존재를 전제하고 던져지고 있다. 수련의 자기 양여(自己讓與)-확실성은 그렇게 왔던 것이다. 선물처럼. 혹은 은총처럼.
　더욱이, 같은 시의 중간에 놓인 연에 따르면, 수련을 꽃피우는 것은 수련 자신의 미(美)이다.

이제, 너의 아름다움이 너를
불러 깨어나게 할 것인가?

수련의 아름다움은 시인의 찬미에 선행한다. 수련은 절로 아름답다. 그것의 미는 동어 반복적이다. 방금 인용한 시구에 의하면, 수련이 피어나는——물론, 아름답게!——것은 수련이 아름답기 때문이다. 수련은 아름다워서 아름답다(절대미는 동어반복으로밖에 말할 수 없다. 졸저 『국가와 황홀』, 문학과지성사, 2001).

다음 시 중의 비약도 이 맥락에서 이해될 수 있다.

> 그러나 한여름의 햇빛이 눈송이처럼 반짝거렸고
> 꼼짝도 않는 정적의 물 위에 떠 있는 수련의 흰 나팔,
> 저 안에서 늑대의 울음 소리가 들렸다.
> ——「두 개의 눈」 부분

벌어진 꽃잎이 나팔로, 나팔은 늑대의 울음 소리로(시각 이미지에서 청각 이미지로, 식물성이 광물성을 거쳐 동물성으로), 시인의 상상력은 종종 건너뛴다. 꽃과 늑대—— 그 둘의 낯섦만큼이나 수련의 첫 경험은 시인에게 타자적인 것이다(그리고 이 타자성은 조작 가능한 것으로서의 근대-주체적 세계를 전복할 것이다).

그러나 시인의 주체가 덧없이 사라지는 건 아니다. 경험적 상식을 섣불리 무시하지 않도록 하자. 주체가 없다면 사로잡히는 자는 누구이겠는가. 그는 있다. 그러나 객체를

분절하는 주체로서가 아니다. 황홀경에서 주/객의 빗금은 지워진다. 수련 앞에서 시인의 주체는 지워지면서 있다. 시가 씌어지는 것은 존재와 무의 접경에서다.

바꿔 말할 수도 있을 것이다. 『밤의 공중전화』의 구호가 '사물 자체로!'였다면, 수련의 시에서 그것은 '사물로부터!'다. 시인은 사물 자체를 이미 만났다(오해 없기를. '사물 자체'는 현상의 배후에 감춰진 칸트류의 '물 자체'가 아니다. 수련은 현상으로서 사물 자체이다. 사람들이 보지 못하는 것은 '물 자체'가 아니라 현상 자체이다). 전에는 몸이 인식 기관이었다. 지금은 시인의 몸과 수련의 몸이 하나로 섞였다. 이제 몸은 통로──인식으로 가는──가 아니라 쾌락의 샘인 것이다.

따라서, 시의 개념도 달라진다. 『밤의 공중전화』에서 시는 대상의 물성──시인의 말로는 '힘과 시간성'──을 파악하는 일종의 인식 행위였다. 수련의 시편들에서 시의 과제는 인식이 아니다. 이미 수련을 만났기 때문이다. 인식은 완료됐다. 이제 시의 과제는, 그렇게 밝혀진, 요컨대 진리 현상을 어떻게 전달하느냐 하는 것이다.

초기 시를 보면, 수련-에로티시즘의 뿌리를 짐작할 수 있다. 물렁물렁한 상태로 실재를 파악하는 것이 시의 과제라면, 시는 몸의 언어일 수밖에 없다. 코기토는 언어의 그물을 던져 사물을 파악──체포·장악·아유화──한다(그런데 언어는 주체의 것이 아니다. 오히려 언어에 의해 주체는 추락한다. 그러므로 언어에 의한 아유화란 실은 주체의 착각,

자기 기만일 뿐이다). 코기토처럼, 몸도 속을 수가 있다(지각 현상학의 능력을 과대평가하지 말자). 그러나 코기토와 달리, 몸은 사물의 물성에 대해 헤게모니를 주장하지 않는다. "꿈꾸게 하는 침묵이 있는 그곳, 너의 허리"(「너의 허리」)는 궁극적으로 소유할 수 없다. 불가언인 까닭이다.

  수련도, '너의 허리'처럼, 불가언이다. 다른 점은 "다가오는 시간, 미래 속에 너의 허리는 있"지만, 수련에선 그런 시간 의식이 소멸해버린다는 것이다. 저 꽃과 함께 사물의 진리는 황홀하게 개화해 **지금 여기** 시인의 눈앞에 있다. 탐구에 필요한 미래 시간 따위는 이제 더 이상 필요치 않다. 역시 초기 시에 속하는 시 「몸」도 신생을 미래 시제로 노래하고 있다("그대의 살과 피로/新生을 꿈꾸겠네"). 반면 수련에서 신생은 기제(既濟)의 현실이다. 이제 시인의 일은 탐구가 아니라 즐기는 것이다. 그리고 가능하다면 독자들과 그 기쁨을 나누는 것이다. 그러나 말은 무능하다. 즐김 또한 몸에 의지하는 수밖에 없다.

    더 이상 읽혀지지 않는 글자.
    더 이상 해독되지 않는 글자.
   바라보고, 냄새 맡고, 쓰다듬고, 껴안고, 애무할 수밖에 없는 글자.   —「글자」 부분

  에로티시즘의 인식 기능은 일찍이 이해되었다. 가령 탄트라에서는 섹스가 진리를 아는 특권적 통로이다.
  수련의 시편들에도 에로틱한 비유와 이미지들이 풍부하다. 그러나 여기서 섹스는 인식 행위가 아니다. 절정 위에

또 무엇이 있겠는가(있다면 절정이 아닐 것이다). 수련의 시에 가장 어울리는 언어는, 섹스의 절정에서처럼, 탄성이다.

> 눈부셔라, 포옹의 흔적, 물의 팽팽한 배 위에서
> 튀어 오르는 크리스털빛의 섬광들, 지난밤
> 격렬한 마찰의 뜨거운 여운이 폭발 뒤의
> 포연처럼 물의 육체를 감싸는구나!
>
> 아침의 입김과 뒤섞이는 햇빛의 고운 가루들이여!
> 물에 닿아 수많은 빛의 나비를 날리고
> 나뭇잎 윤곽을 따라 녹색 물감을 칠하는
> 햇빛의 언어들, 갓 말을 배우는 아장거리는 입술들이여!
>
> 말해요, 수련을 안아 흰빛을 남기는
> 눈부심의 딴딴함으로 말해요, 물의 얼굴에다,
> 연못의 귀에다, 꽃의 귓바퀴에다 혀를 집어넣어요.
> 떨어지는 햇빛의 말들을 모아 검은 물 위에 휘갈기는
> 수련 꽃들이여! 하얀 글자들이여!
>
> 눈부신 물결이 반짝이는 연못가 생기발랄한 수련 위로
> 떨어지는 따뜻하고 뜨겁고 뾰족한 입술들이여!
> 찌르듯이 떨어져서는 부드럽게 이마를 감싸는
> 침엽처럼 따가운 열정의 눈빛들이여!　　——「햇빛!」 전문

　이것은 수련의 마그니피깃(눅 1:46-56)이다 소월의 「초혼」을 방불케도 한다. 소월이 청각에, 채호기는 시각에 초

소하고 있으나 그런 차이는 대수로운 것이 아니다.「햇빛!」은 시각화한 탄성이다. 탄성이 빛으로 마구 뿜어나와 솟구치고 있다. 영탄으로 읊은「초혼」이다. 슬픔의 물성──소월의 경우 그것을 드러내는 것은 청각 리듬이다──에 충실할 땐 비탄도 황홀감을 자아낸다.「초혼」이 비탄으로 행하던 것을 이 시는 환희로써 행하고 있다.

언어는 소유의 형식이자 수단이다. 반면 시의 언어는 무상하다(생산 미학이 뭐라고 주장하든, 시는 위장의 허기를 채워주지 못한다). 그러므로 시의 고충──그리고 영광──은, 비소유의 형식으로 말하는 것이다. 그런 언어가 하나 있다. 영탄이다(그러나 채호기의 시가 영탄조가 되는 경우는 드물다. 영탄이 반드시 영탄조가 되어야 하는 것도 아니다. 대체로, 이 시인은 수련의 물성을 기술함으로써 그 황홀한 발현을 표현한다. 기술 곧 영탄이 되는 경우다).

명심하자. 말로 할 수 없으므로 황홀한 것이겠는가. 오히려 황홀하므로 불가언이 아니겠는가. 황홀은 말로 할 수 없는 것을 지시한다. 그것은 (말로 할 수) 없고, 또 (말로 할 수 없는 것으로서) 있다. 존재와 무의 이 접경에서, 시는 황홀한 고뇌이다.

수련과 언어의 경계를 지우는 것은, 환언하면, 불가언의 것을 어떻게 말로 전달하느냐는 문제이다. 이는 프랑스 상징주의 시인들도 봉착했던 문제이다. 실재의 눈부심을 실로 눈부시게 표현하기 위해서는 언어가 스스로 빛이 돼야 한다. 그러나 어떻게? 돌을 갈아 거울을 만들 듯, 그들은 언어를 갈면 물성이 거기에 눈부시게 비쳐날 것으로 기대했다. 그러나, 언어의 연마——그것의 끝은 방법의 과도화였다. 그 결과 마침내 시가 벙어리가 되고(랭보), 사물의 빛도 어둠 속에 묻혀버린다.

언어를 갈아 실재와 동일한 밀도를 얻는 것, 알고 보면 그것도 결국 언어를 지배함으로써 사물을 아유화하려는 기도이다. 반면 채호기는 수련의 말로 다할 수 없는 물성을 존중한다. 그에 의하면, 수련은 표현돼야 할 것이로되 언어로 환원될 수 없는, 황홀한, 물성이다. 언어는 사물의 아름다움을 어찌지 못하고, 오직 거기에 귀의할 수 있을 따름이다.

> 수련, 너는 햇빛 가운데서 어둠 속으로 걸어 들어가고
> 나는 너의 흰 꽃잎들이 푸른 물 위로 한없이 추락하는
> 그 순간의 어둠 속으로 걸어 들어간다.   ——「수련」 부분

모네도 물성의 황홀함을 캔버스 위에 옮겼다. 뉴욕의 지하철을 타고 지나가며, 예술을 향유할 줄 아는 자는 세잔, 호가드, 고갱, 쇠라의 그림들이 끊임없이 교체되는 전시회를 즐긴다고 쓴 철학자가 있었다. 모네의 수련이 시인의 눈뜸을 거들었을 수도 있다. 기실, 그럴 공산이 크다. 시인 스스로 "모네의 시각적 방법이 수련을 바라보는 데 도움을 주었다"고 밝힌 바 있다. 모네를 노래한 시편도 몇 있다 (「모네의 수련 1」「모네의 수련 2」)

시인을 충격하고 눈뜨도록 했던 그날의 수련이 실은 모

네롤 통해 본 수련이었을 수도 있는 것이다. 그래서 가짜 꽃이라고 해야 할까? 그러나, 소위 직접 체험은 과연 얼마나 직접적일까? 자연주의의 '자연'처럼, 그것은 상투적으로만 직접적일 공산이 크다. 아놀드 하우저는 인상주의를 "바라보이는 객관적 사실 대신에 바라보는 (주관적-인용자) 행위의 재현"이라고 썼다. 진실은 정반대다. 모네의 인상주의가 드러냈던 것은 소위 객관적 실체들의 주관적 자의성이었다.

인상주의 그림은 가까이 다가가 보면 물감을 두드린 붓자국들만 보인다. 형체를 알아보려면 그림에서 적당히 떨어져야 한다. 그것이 일몰이나 수련으로 보이는 것은, 물리적으로는 물감이 빚어낸 착시일 뿐이다. 사물의 인상을 그렇게 '인상적으로' 그림으로써, 인상주의는 고전주의의 도식성뿐 아니라 자연주의의 직접성조차도 실은 허위거나 사기라는 것을 폭로했던 것이다.

프랑스 상징주의와 그 후예들은, 시가 '수학의 정확성과 논리'를 실현해야 한다는 에드가 앨런 포의 방법론에 매혹됐다. 채호기의 시는 방법에 대한 그런 강박에서 어느 정도 풀려나 있다. 그래서 그의 시, 적어도 수련을 노래한 시들은 난해하지 않다. 그것들은 차라리 인상주의적이다. 그럴까?

시각적 현상을 언어로 옮기는 것은 역시 시련이다. 낱말의 계기적 배열에 의해 발화하는 언어는 그림처럼 사물을 공시적으로 화폭에 담아내는 것이 불가능하다. 그 점에서는 시인이 화가보다 불리하다. 그러나 모네가 불리한 점도 있다. 인상주의자 모네의 붓은 연못의 표면, 기껏해야 수면에 반영된 깊이밖에는 그려낼 수가 없다. 가령, 수련이 뿌리박고 있는 심연, 그 어두운 바닥을 그려내는 것은 모네로선 어림없다. 왜냐하면 시인의 수련은 "물의 반죽"(「저 투명한 슬픔 위에」)일 뿐 아니라, 어둠이 빚은 빛의 개화인 까닭이다. 수련은 그저 빛나는 꽃이 아닌 것이다.

> 물 밑바닥에 있는 손이 줄기의 초록색 실을 조정하여, 물결의 일렁거림을 타고 수면 위로 꽃과 잎을 날리는 水鳶. 수련의 초록색 실은 물의 깊이에 따라 뿌리 같은 얼레에 감겼다 풀렸다 한다.
> 태양열을 빨아들이는 집광판 같은 둥근 말발굽 모양의 잎은 물속의 잎자루에서 태어나 수중 창 블라인드처럼 도르르 말린 채 있다가 공기와 빛에 닿는 순간 팽팽하게 펼쳐진다.
> 〔……〕
> 플러그는 더 깊은 물 속에 있다. ——「(수련 1)」 부분

위트가 넘치는 이미지즘이다. 수련이 물결 위에 일렁이는 연(鳶)에, 말렸다 펴지는 잎은 창 블라인드에 비유되고 있다(시 「빛이 있다」에는 이런 비유도 나온다. "물조리개처럼 빛을 뿜어내는 흰 꽃"). 그의 시집에는, 마치 여인의 패물함 속처럼 기발하고 멋지게 디자인된 비유와 이미지들이 수북이 들어 있다.

그러나 내가 주목하는 것은 "물의 깊이에 따라"라는 대목이다. 수련의 미는 그 '깊이'로부터 길어진다. 수련은 공기와 햇빛을 받아서 빛난다. 그러나 시인은 말하고 있다.

"플러그는 더 깊은 물 속에 있다"고. 혹은,

>수련은 말 위로 꽃잎만 내민 채
>말의 깊이 속에 잠겨 있다.　　　　　──「연못 2」 부분

수련은 "말의 깊이 속에 잠겨 있"는, 불가언의 존재이다. 사물들은, 이 시의 서두에 의하면, 수련의 줄기를 타고 수면 위로 올라와 수포(水泡)로 터지는, 공기처럼 가벼운 것이다. 그것들에 깊이를 주는 말의 깊이는, "상상력의 저 심연과 연결되"(「수련의 비밀 1」)어 얻어진다.

공기도 심연이 될 수 있다.

>이 시간을
>수련의 깊은 그늘이라고 해야 할까?
>너의 심연이라고 해야 할까?　　　　　──「공기 3」 부분

왜냐하면, 공기 안은 녹아든 수련의 향기 입자들이 비밀스런 속삭임처럼 퍼져 나가기 때문이다. 시인은 그 공기 속 수련의 밀어에 귀를 기울인다(「공기 6」). 즉, "수련을 발음하기 위해/혀는 햇빛을 받아야 하고/공기의 침대에서 뒹굴어야 하며/물의 맛들을 음미할 수 있어야 한다"(「캄캄한 밤하늘에」).

이것이 시가 되는 환경이다. 그러나 그러기 위해 "혀는 돌멩이처럼 무겁게 바닥으로 가라앉"(같은 시)아야 하는 것이다. 물의 깊이 속에 잠김 없이는, 시는 '환한 목청'을

피워 올릴 수가 없다. 왜냐하면 수련은 말을 태어나게 하는 비결이지만, 수련 자체는 "그 어떤 말로도 호명할 수 없고/그 어떤 언어로도 표현할 수 없고/그 어떤 생각도 닿지 않는"(「많은 언어들이 저 물 속에 잠겨 있다」) 존재인 까닭이다.

 수련—"종이의 심연, 대기의 심연, 물의 심연/그 위에/수련, 당신의 시선, 활자의 꽃/그 속에/수련, 언어의 나체, 당신의 하얀 알몸"(「수련의 비밀 1」)을 날카롭게 추상한 그림을 하나 알고 있다. 피에르 술라쥬의 이 그림을 나는 칼 융의 책 부록 논문에 소개된 삽화로 보았다. 오래전에 보고 잊었던 그림인데 이 시집의 교정지를 읽던 중 커다란 감탄사로 되돌아왔다. 다시 꺼내보니, 다음과 같이 소개되어 있다. "수많은 거대한 검은 서까래의 뒷면에서 맑고 순수한 청색 혹은 밝은 황색빛이 어렴풋이 빛난다. 암흑 속에서 여명이 밝아오고 있다"(융, 이부영 옮김, 『인간과 무의식의 상징』, 집문당, 1990, p. 281). 이 그림이다.

물은 "사랑의 얼굴 앞에 드리운 검은 차도르"(「물 3」)처럼 어둡다. 그러나 비유는 비유일 뿐. 중요한 점은 이것이다. 즉, 수련은 물의 어둠에서 피어나지만, 또한 어둠은 수련이 있어서 그 깊이를 얻는다. 왜냐하면, 수련 없는 연못은 벙어리일 터이므로. 연못이 수련을 키우고, 다시 수련이 연못의 깊이를 키운다. 과연, 앞의 그림에서 흑이 무일까? 백은 존재일까? 혹 그 역은 아닐까? 누가 알겠는가.